Guido Kreppold OFMCap

Kranke Bäume – kranke Seelen

Franziskus von Assisi eine Antwort?

VIER-TÜRME-VERLAG MÜNSTERSCHWARZACH
1986

CIP-Kurztitelaufnahme der Deutschen Bibliothek
Kreppold, Guido:
Kranke Bäume – Kranke Seelen:
Franziskus von Assisi eine Antwort?
Guido Kreppold. – Münsterschwarzach :
Vier-Türme-Verlag, 1986.
(Münsterschwarzacher Kleinschriften; Bd. 35)
ISBN 3-87868-229-8
NE: GT

Gesamtherstellung: Vier-Türme-Verlag, D-8711 Münsterschwarzach

ISSN 0171-6360
ISBN 3-87868-229-8

MÜNSTERSCHWARZACHER KLEINSCHRIFTEN

herausgegeben
von Mönchen der Abtei Münsterschwarzach

Band 35

Guido Kreppold OFMCap

Kranke Bäume – kranke Seelen

Franziskus von Assisi eine Antwort?

VIER-TÜRME-VERLAG MÜNSTERSCHWARZACH
1986

Inhalt

Einleitung

In den letzten Jahren ist es üblich geworden, vom „Waldsterben“ zu reden. Zuständige Behörden bezeichnen es als unbegründet und verantwortungslos, diesen Ausdruck für die sprunghaft angestiegenen Schäden an den Bäumen zu gebrauchen.[1] Gleichwohl ist es ein Thema, das ernsthaft Denkende besorgt macht und traurig stimmt.

Es macht sich eine gewisse Ratlosigkeit breit. Da gibt es pessimistische Voraussagen einer unaufhaltsamen Katastrophe, von Gegnern als „apokalyptische Visionen“ bezeichnet. Da sind Daten, welche die Situation differenzierter erscheinen lassen, aber zugleich in verschiedene Richtungen gedeutet werden.

Ohne Zweifel sehen sich Weitblickende einem verhängnisvollen Geschehen gegenüber. Ein großer Teil der Bevölkerung verleugnet schlichtweg das Problem. Die Tatsache, daß mit dem Wald die Grundlagen des menschlichen Lebens in unserem Land zerstört würden, wird zwar zugegeben, aber in ihrem Ernst nicht erkannt.

Gewiß darf man hier nicht unnötige Angst schüren. Trotzdem läßt sich nicht leugnen, daß seit dem letzten Jahrhundert und insbesondere in den letzten Jahrzehnten Einbrüche in die Natur in unerhörtem Ausmaß erfolgt sind, daß Tier- und Pflanzenarten unwiederbringlich ausgestorben sind und daß für den Wald eine reale Gefahr besteht. Wie oft hat man geglaubt, Krankheiten in den Griff bekommen zu haben, und wie oft sind dafür neue entstanden? Wichtiger als alle Diskussionen um einen größeren oder geringeren Schaden ist die Überprüfung des modernen Lebensstils, welcher eine Störung des Gleichgewichts in der Natur zur Folge hat. Man sollte einmal den Menschen genauer ansehen, der fast tatenlos zusieht, wie ihm mehr als sein Wohlstand genommen wird.

Welche Grundeinstellungen hat er, welche Werte bestimmen sein Handeln, wie ist er im Kern seines Wesens? Was vermittelt eine Bildung, um deren Verbreitung man noch vor kürzester Zeit mit missionarischem Eifer kämpfte? Im Folgenden soll die Überlegung Raum gewinnen, inwieweit eine solchermaßen erkrankte Natur auch auf einen kranken Verursacher schließen läßt, inwieweit das verlorene Gleichgewicht der Natur der verlorenen Mitte des Menschen entspricht. Gibt es da innere Zusammenhänge zwischen der Art, wie der Mensch mit sich selbst umgeht, wie er ist, und der Art, wie er mit der Natur lebt? Inwieweit sind Heil und Unheil des Menschen auch Heil und Unheil der Natur? Wie sieht der kranke Mensch, wie sieht der heile Mensch aus? Franziskus von Assisi (1181–1226) war ein Heiliger, ein heiler Mensch, mit sich und der Natur versöhnt. Aber ist er nicht doch nur eine fromme Legende, belanglos für unsere Verhältnisse? Das Interesse für den Mann aus Assisi sogar bei solchen, die außerhalb der Kirche und des Christentums stehen, läßt in seiner Persönlichkeit Bedeutsames vermuten.

1. Krankheiten der Zeit

Es ist üblich, Krankheiten von Lebewesen in Zahlen, meist in Prozentwerten auszudrücken. Doch haben sie nur bedingt einen überzeugenden Wert. Eindrucksvoller ist es, einen abgestorbenen Wald auf sich wirken zu lassen. Ein Betroffener erzählt, als er zum ersten Mal einen toten Wald sah, sei ihm ein ähnliches Gefühl aufgestiegen wie damals, als er als Kind in München die zerstörten Häuser sah. Es ist etwas Schweres im Magen, eine Stimmung, die man nicht los wird, etwas unerbittlich Hartes, etwas, was unveränderbar ist. So wird also in 30 Jahren unsere Landschaft aussehen, wenn heute nichts geschieht. Was tatsächlich dagegen getan wird, sei – so die Naturschützer – viel zu wenig und zu spät. Das Dunkle, Unangenehme, die zukünftige Katastrophe nicht wahrhaben wollen, ist Zeichen des psychisch Kranken. In der Psychoanalyse wird es Abwehr, Widerstand, Verdrängung genannt. Der Leidende will nicht hinschauen, was wirklich ist, wie er wirklich ist.

Der Schluß liegt nahe: Kranke Bäume entsprechen kranken Seelen. Wenn die Hälfte der Bäume vom Tod bedroht ist, dann können die, die solches mit gutem Gewissen verursachen, nicht mehr normal sein.

Die Bibel sieht in vielen Stellen im Baum ein Symbol für den Menschen. Man denke an Psalm 1, wo es vom Gerechten heißt: Er ist wie ein Baum, gepflanzt an Wasserbächen. Der verfluchte Feigenbaum gilt als Sinnbild für das verdorrte Israel (Mk 11,14).

Ohne auf den Symbolgehalt des Baumes im einzelnen einzugehen, sei zunächst noch das Problem erwähnt, das die Menschen mit dem Wort „Seele“ haben. Unsere Zeit, die von Natur- und

Humanwissenschaften geprägt ist, ist es nicht mehr gewohnt, von der „Seele“ zu reden. Das Innere des Menschen ist je nach Auffassung „black box“ (dunkle Kiste) oder ein Sumpf, der trockengelegt werden muß, ein System von Triebimpulsen, die mit den Ansprüchen der Realität in leidlichen Kompromiß gebracht werden müssen.
Selbst bei Theologen findet die Seele keine besondere Aufmerksamkeit. In der Bibel sei der Ausdruck „Seele“ gleichbedeutend mit „Leben“ und „ganzer Mensch“.
Man muß sich fragen, ob eine Sprache, die das Wort „Seele“ vermeidet, den Tatsachen des menschlichen Erlebens, wie es sich im kulturellen Erbe von Jahrtausenden kundtut, gerecht wird.
Die wissenschaftliche Ausdrucksweise ist buchstäblich „seelenlos“, das heißt nicht fähig, das „Seelische“ als die Erlebniswelt eines Menschen zu wecken. Nur wenigen fällt auf, daß mit dem Wegfall des Wortes „Seele“ aus dem Sprachgebrauch ein tatsächlicher „Seelenverlust“ verbunden ist. Der Tiefenpsychologe Carl Gustav Jung erkannte aus eigener Erfahrung und im Umgang mit seinen Patienten den Eigenwert der Seele. Er beklagt bereits 1921 in seinen frühen Werken den „Seelenverlust“ des modernen Menschen[2]. Damit ist gemeint ein Mangel an echten und tiefen Gefühlen, an Festigkeit und Dauer von Bindungen, an innerer Verwurzelung, an Schutz und Geborgenheit, an Lebendigkeit und Reife. Die Kunst, einfach zu leben und dabei groß und sichtbar zu werden, ist dem Baum selbstverständlich, dem Menschen genauso wesentlich, aber scheinbar nur noch Aussteigern möglich.
Seit altersher gilt der Baum als Symbol für das Wesen des Menschen. Ein Baum ist für die Dauer seines Lebens an die Tiefe seines Erdreiches ge-

bunden, bezieht von dort seinen Halt und sein Wasser, ragt mit Stamm und Krone in den Himmel, breitet sich aus und spendet Schatten und Nahrung. Wir sagen: Menschen, die nicht mehr in einer festen Tradition der Werte verwurzelt sind, verlieren leicht den Halt. Es kann aber auch jemand ganz tief in der Erde stehen und trotzdem sich nicht nach oben entfalten. Man nennt einen solchen Menschen depressiv. Depression, unter der etwa ein Fünftel der Bevölkerung zumindestens zeitweise leidet, heißt eigentlich Niederdrückung. Depressive d.h. niedergedrückte Menschen bringen die innere Stimmung auch in Haltung und Gang zum Ausdruck. Es fehlt ihnen das Aufrechte eines Stammes und das Offene und Weite einer Krone. Sie wollen sich am liebsten verkriechen und nicht sichtbar werden.

Der Wald ist das anschaulichste Modell der Gemeinsamkeit des Lebens. Ein Lebewesen, ob Tier oder Pflanze, lebt vom andern und dient dem andern. Wenn eine Tier- oder Pflanzenart ausstirbt, bedeutet das eine erhebliche Störung des gesamten Symbiosegefüges. Wenn die Bäume verdorren, wird die Erde zur Wüste.

Ähnliches ist mit den Menschen schon geschehen. Die Gemeinsamkeiten seelischen Lebens sind zum großen Teil zerbrochen. Am deutlichsten wird das im Zerfall der Ehen und Familien sichtbar. Die Unfähigkeit zu endgültigen, tiefen Bindungen breitet sich aus. Es entsteht eine Vereinsamung von immer mehr Menschen; dörfliche Strukturen, wo jeder jeden gekannt hat, wo Menschen gemeinsam den Ablauf des Säens und Erntens vollbrachten, wo sie in ständigem Austausch miteinander lebten, gehören zum größten Teil der Vergangenheit an. Kinder wissen davon nur noch aus Schulbüchern oder von Erzählungen der Großeltern. Wer nicht mehr eingebunden ist in eine Gemeinschaft, wo er sich emotional erholen kann, trocknet innerlich aus. So gibt es immer mehr Menschen, die von sich sagen: „Ich habe niemand, dem ich etwas bedeute."

Die Isolation ist eine Ursache der hohen Zahl von Selbsttötungen. (Von „Mord" kann man nicht in jedem Fall sprechen). In unserem Land sind es etwa 15000 jedes Jahr. Ein isolierter Mensch erfährt sich von anderen seelisch abgeschnitten. Er empfängt nicht mehr den Schatten und die Nahrung, die er für sein seelisches Überleben bräuchte.

Das Wort Jesu vom Baum, den man an seinen Früchten erkennt (Mt 7,16), verlangt von den Christen eine ernste Gewissenserforschung im Hinblick auf die Krankheiten unserer Zeit. Es ist üblich, Krankheiten nur als Sache derer zu sehen, die davon betroffen sind. Aufschlußreicher ist es, die äußeren Ursachen dazuzunehmen. Was und wer macht krank? Wer kränkt den lebenden Organismus des einzelnen und der großen Natur? Es gibt eine Atmosphäre, die nicht leben läßt. Im äußeren Bereich sind es die hohen Gehalte an Schwefeldioxyd und Stickoxyd, die sich als saurer Regen niederschlagen. Im Bereich des Zusammenlebens ist es die mangelnde Bereitschaft und Fähigkeit, einander zu verstehen und aufeinander einzugehen. Dahinter steht aber meist eine Lebenseinstellung, die fast allgemein dem westlichen von der Industriekultur geprägten Menschen eigen ist. Gefordert von seinem Beruf, ist er in ständiger Anspannung auch dort, wo es nicht nötig wäre. Planung und Leistung bestimmen sein Verhalten. Die Werte des Inneren, der Seele, gelten ihm wenig.

In der Geschichte Europas war es nicht immer so. Im Mittelalter nahm das religiöse Leben einen beherrschenden Raum ein. „Wie finde ich einen

gnädigen Gott?“ war zum Beispiel ein Thema, das in der Reformation ein ganzes Volk in Aufruhr versetzte.
Die Wende kam in der Aufklärung des 18. Jhd., die erst in den letzten 20 Jahren bis auf das letzte Dorf durchgeschlagen hat. Mit Aufklärung verband man „Fortschritt“. Damit sind die Erfolge der Naturwissenschaften, Anhebung des Wohlstands, Rechtsstaatlichkeit, Toleranz gegen jedermann, Freiheit von Aberglauben, von Bevormundung durch kirchliche und staatliche Obrigkeit, Loslösung vom Religiösen verbunden. Das religiöse Element des geistigen Lebensraumes wurde „aufgeklärt“, d.h. aufgelöst. Der aufgeklärte Mensch hält es für eine große Errungenschaft, wenn er alles Irrationale in seinem Leben durchschaut und für nichtig erklärt. Diese auf Null zurückgeführte (lat. reducere) reduktive Einstellung drückt sich in den Worten aus: „Nichts als“. So ist nach dieser Auffassung Religion nichts als Angst vor den Mächten der Natur, kindlicher Wunsch nach dem allmächtigen Vater, oder Opium des Volkes. Moral ist nichts als eine Norm der jeweiligen Gesellschaft, Sexualität ist nichts als Lustgewinn und Reproduktion der Gesellschaft, das Leben ist nichts als eine durch Zufall entstandene Zusammenballung von Molekülen. Die Erde ist nichts als tote Materie, die Wälder sind nichts als Produktionsstätten von Holz und Erholungsstätten für die angeschlagene Gesundheit.
Was dem aufgeklärten Menschen fehlt, ist die Achtung und Ehrfurcht vor dem Geheimnis des Lebens und damit vor jedem lebenden Wesen. *Ehrfurcht* heißt eigentlich anerkennen, daß es Kräfte gibt, die über mich und mein Leben bestimmen. Der ehrfürchtige Mensch weiß um die Grenzen seines Seins; er spürt seine geringe Be-

deutung im Hinblick auf die Ausmaße des Alls, die Geschichte der Erde und der Bäume. Ehrfurcht ist das Gegenteil von jener Überheblichkeit, die glaubt, mit sich und dem Leben ungestraft alles tun zu können. Leben gedeiht nur dort, wo es Achtung und Respekt erfährt, andernfalls erstickt es. Der ehrfurchtlos Fortschrittsgläubige ist von der Idee besessen, er könne die Natur mit allen ihren Kräften erforschen und sie sich dienstbar machen.

So etwas wie Geheimnis des Lebens erscheint ihm als Wahn oder überholte Vorstellung früherer Epochen. Er ist stolz darauf, die Natur entzaubert, die Bibel entmythologisiert, Hungersnöte und Krankheiten gebändigt zu haben. Aber mit dem Verlust der Ehrfurcht ist ein wesentlicher Teil des Seelischen unbewußt geworden; der Mensch hat wesentliche Fähigkeiten, mit der Natur friedlich umzugehen, verloren. Die Kräfte in der eigenen Seele sowie die draußen melden sich und versetzen den Menschen in Unruhe und machen ihm Angst. Zu Recht! Man denke an das Potential an Aggression, das in allen Waffenarsenalen der Welt angehäuft ist. Wer kann leugnen, daß diese Ansammlung von Vernichtungsinstrumenten der Angst und der Aggression im Innern des Menschen entspricht?

Die Aufklärung ist nicht fähig, dem Menschen die Angst zu nehmen. Unaufgeklärte, naiv Gläubige zündeten bei einem Gewitter eine Kerze an, in der Kirche sprach man den Wettersegen (auch heute noch), weil man Angst vor bösen Mächten hatte. Der kritisch denkende Mensch hält solches Tun für überflüssig. Aber er hat *Angst vor der Atombombe.*

Aufklärung klammert die irrationalen Bedürfnisse des Menschen aus, nämlich: sein Bedürfnis nach Heimat und Geborgenheit, nach Nähe und

Vertrautheit, nach Erleben des Numinosen, der Transzendenz. Es sind jene Bedürfnisse aus der Tiefe der Seele, über welche der aufgeklärte Mensch nicht mehr spricht. So wurde Aufklärung zur Wegerklärung, Leugnung, Vermeidung und Verdrängung wesentlicher Faktoren und Anteile der Seele. Der aufgeklärte Mensch ist von seinem Innersten, vom Kostbarsten, Tiefsten und Echtesten seines Wesens getrennt. Er leidet an einer geistig-geistlichen Dürre, weil er von seinen transzendenten, irratonalen Wurzeln abgeschnitten ist. Wie der Baum von den Wurzeln her krank ist, so ist es auch der Mensch. Die Quellen, von denen er einst seine *Lebensfreude* bezog und von denen seine Seele lebte, sind versiegt oder verdorben, wie das Quellwasser bedroht ist. Dieser kranke Mensch zeichnet sich aus durch Anfälligkeit für Neurosen, durch Schwierigkeiten, mit sich und anderen zurecht zu kommen, durch Neigung, sich politischen oder religiösen Ideologen anzuschließen. Er erliegt der Einbildung, er durchschaue alles, in Wirklichkeit aber hat er seinen kritischen Verstand bei seiner Entscheidung für die „Bewegung“ oder Gruppe abgegeben. Weil die irrationalen Kräfte nicht beachtet werden, brechen sie wie reißende Bäche in das Bewußtsein ein, zerstören die noch vorhandene Kultur und lassen die seelische Landschaft verödet zurück.

Beispiele für zerstörte Seelenlandschaften bietet die moderne Literatur. Da ist viel von Verzweiflung, Einsamkeit, Zwietracht und Haß, Ohnmacht und Machtkampf die Rede. Die Dichter drücken immer das Empfinden der Zeit und den inneren Zustand der Menschen aus.

Es sind verbitterte, unglückliche Menschen, die alles und jedes anklagen; es sind Antriebslose, die

keine Zukunft mehr sehen oder gestalten wollen, voller Leere und Langeweile.
Es sind von ideologischen Strömungen Enttäuschte, die angespannt jede Gelegenheit zur Austragung von Gewalt wahrnehmen.
Der Zusammenhang von kranken Menschen, krankmachender Gesellschaft auf der einen Seite und kranken Bäumen auf der anderen läßt sich empirisch-wissenschaftlich nicht erbringen. Aber man sollte darüber nachdenken, inwieweit Menschen, die die Werte der Seele nicht mehr achten, noch Sinn haben können für jenes lebende Wesen, das als Symbol des Menschen gilt.

2. Der heile Mensch – Franziskus, ein Heiliger der Natur

2.1. Die Wirklichkeit des Heiligen

Der seelisch verödete, kranke Mensch bedarf zunächst selbst der Heilung, um Wesentliches in der Einstellung zur geschädigten Natur zu verändern. Man darf deshalb die Frage stellen: Wie sieht der heile Mensch aus, der sich wieder mit der Natur versöhnt?
Es leuchtet zunächst nicht sofort ein, den heilen Menschen im Heiligen zu suchen. Doch die Geschichte des liebenswürdigsten Heiligen, des Franziskus von Assisi, regt zum Nachdenken über den Zusammenhang von heil und heilig an. Der Begriff des „Heiligen" ist gewöhnlich verbunden mit Vorstellungen des Legendären, Mystischen und Unwirklichen.
Die meisten Menschen, die von Franziskus gehört haben, kennen die auffallenden Ereignisse, wie Franziskus den Vögeln und Fischen predigt. In den Lebensbeschreibungen werden noch andere Geschichten aufgeführt. Franziskus gibt dem Kaninchen und dem Fasan die Freiheit, doch diese suchen immer wieder seine Nähe. *Er mag die Tiere – die Tiere mögen ihn!* Er wird von den Vögeln begrüßt, seinen Tod betrauern die Lerchen. Mit Recht wird sein Todestag zum Welttierschutztag. Aber was hat das Ganze mit der Realität zu tun? Was können Wundergeschichten und Legenden in unserer Zeit ausrichten?
Den Schlüssel zur Welt des Heiligen, als auch für ein vertieftes Verständnis unserer Beziehung zur Natur, bildet der „Sonnengesang", ein Preislied auf den Schöpfer. Hier handelt es sich nicht mehr um eine Legende, um Glorifizierung aus der

Sicht der Nachwelt, sondern um ein authentisches Dokument über die innere Welt eines Menschen, sein Denken, Fühlen und Erleben.
Und diese Welt ist real.
Es lohnt sich diese Welt zu erschließen; denn einen Menschen zum Heiligen zu erklären, heißt: Dieses Leben ist vorbildhaft. So sieht der heile Mensch aus!
Entstanden ist der Sonnengesang im Spätsommer 1225. Franziskus war schwer krank und hatte Mühe, seiner Niedergeschlagenheit Herr zu werden. Die einfühlsame Pflege der heiligen Klara munterte ihn so sehr auf, daß bald die große seelische Last von ihm gewichen war. Auch körperlich ging es mit ihm spürbar aufwärts. In der einsetzenden Genesung erwachte eine tiefe Dankbarkeit dem Schöpfer gegenüber und eine übergroße Freude an allen lebenden und nichtlebenden Geschöpfen. Im Folgenden wird der Sonnengesang in der Übersetzung von Otto Karrer zitiert[3]:

Du höchster, mächtigster, guter Herr,
Dir sind die Lieder des Lobes, Ruhm und Ehre
und jeglicher Dank geweiht;
Dir nur gebühren sie, Höchster,
und keiner der Menschen ist würdig,
Dich nur zu nennen.

Gelobt seist Du, Herr,
mit allen Wesen, die Du geschaffen,
der edlen Herrin vor allem, Schwester Sonne,
die uns den Tag heraufführt und Licht
mit ihren Strahlen, die Schöne, spendet;
gar prächtig in mächtigem Glanze;
Dein Gleichnis ist sie, Erhabener.

Gelobt seist Du, Herr,
durch Bruder Mond und die Sterne.
Durch Dich sie funkeln am Himmelsbogen
und leuchten köstlich und schön.

Gelobt seist Du, Herr,
durch Bruder Wind
und Luft und Wolke und Wetter,
die sanft oder streng, nach Deinem Willen,
die Wesen leiten, die durch Dich sind.

Gelobt seist Du, Herr,
durch Schwester Quelle;
Wie ist sie nütze in ihrer Demut,
wie köstlich und keusch!

Gelobt seist Du, Herr,
durch Bruder Feuer,
durch den Du zur Nacht uns leuchtest.
Schön und freundlich ist er am wohligen Herde,
mächtig als lodernder Brand.

Gelobt seist Du, Herr,
durch unsere Schwester, die Mutter Erde,
die gütig und stark uns trägt
und mancherlei Frucht uns bietet
mit farbigen Blumen und Matten.

Gelobt seist Du, Herr, durch die,
so vergeben um Deiner Liebe willen
und Pein und Trübsal geduldig tragen.
Selig, die's überwinden im Frieden;
Du, Höchster, wirst sie belohnen.

Gelobt seist Du, Herr,
durch unsern Bruder, den leiblichen Tod;
ihm kann kein lebender Mensch entrinnen.
Wehe denen, die sterben in schweren Sünden!
Selig, die er in Deinem heiligsten Willen findet!
Denn sie versehrt nicht der zweite Tod.

Lobet und preiset den Herrn.
Danket und dient ihm
in großer Demut!

2.2. Die Aussagen des Sonnengesangs

Um einen Zugang zur Seele eines Menschen zu gewinnen, sind einfühlendes Verstehen, Ach-

tung und große Ehrfurcht nötig. Genauso ist es mit ihren Schöpfungen. Welche Lieder Menschen singen, welche Geschichten sie erzählen, welche Träume sie haben, das sagt etwas aus über ihr Wesen. Deshalb ist es richtig, zu versuchen, im Text eines Liedes dem Dichter selbst zu begegnen. Eine sogenannte objektivierende Betrachtungsweise, welche etwa den Aufbau der Strophen oder den äußeren Zusammenhang mit provenzalischen Troubadourliedern und italienischen Dichtungen der damaligen Zeit herstellt, mag interessant sein, öffnet aber noch nicht die innere Welt des Heiligen. Man kann durchaus von dem Tiefenpsychologen C.G. Jung lernen, wie man mit einem so bedeutenden Text wie dem Sonnengesang umgeht. In der Vorrede seines Kommentars zum Tibetanischen Totenbuch sagt er, daß eine Schrift von so hohem emotionalem Wert wie die vorliegende, keine kritische, distanzierende Betrachtungsweise ertrage, sondern angemessener sei die „amplifizierende" Methode.[4] Hier wird die Erlebniswelt des Lesers und das der gesamten Menschheit miteinbezogen. Auf diese Weise bringt der Text in dem, der ihn verstehen will, selbst etwas zum Schwingen, was dem Erleben des Verfassers zumindest annähernd ähnlich ist. Das, was der Autor fühlte und dachte, wird eher vorstehbar und nachvollziehbar. So kann es gelingen, daß sich ein Feld der Zusammenhänge auftut, das der rein rationalen, objektivierenden Betrachtungsweise verschlossen bleibt. Durch einfühlendes Verstehen wird etwas von dem Anliegen des Schreibers lebendig.
Im Folgenden sollen die Aussagen hervorgehoben werden, die auf Grund von intuitiven Überlegungen und in Zusammenschau mit der Tiefen- und Religionspsychologie gewonnen wurden.

2.2.1. Der innere Kosmos der Seele entspricht dem äußeren Kosmos und umgekehrt.

Es gibt Anteile der Seele, welche die Nähe des Menschen zu den Elementen und der gesamten lebenden Natur beinhalten. Die Verwandtschaft der Seele mit den Elementen zeigt sich in der Sprache und in den Träumen. So sind Licht und Dunkel ein wichtiges Ausdrucksmittel, um seelische Zustände zu beschreiben. Wir sagen: die Augen eines Kindes leuchten, wenn es sich freut, ebenso die des geliebten Menschen oder des Heiligen. Ebenso wie vom hellen strahlenden Gesicht sprechen wir von einem dunklen und finsteren. Ähnlich drücken Kälte und Wärme Bedingungen der äußeren Natur wie des seelischen Klimas unter Menschen aus. In einer warmen, freundlichen Atmosphäre „tauen" die Herzen auf, in einer eisigen „gefriert" selbst ein Lächeln. Besonders das Wasser und seine verschiedenen Zustände werden seit Menschengedenken als Symbol der inneren Verfassung des Menschen gesehen. Erinnert sei an das Gedicht Goethes:
„Seele des Menschen wie gleichst du dem Wasser, Schickal des Menschen wie gleichst du dem Wind."[5]
Ein Mensch kann wie die Oberfläche eines Sees aufgewühlt oder abgeklärt sein, in die Tiefe gehen, oder sich an der Oberfläche bewegen, ein bewegtes oder ein ruhiges Leben haben. Wie sehr das Wesen des Menschen der Natur nahe und aus ihr zu verstehen ist, wird vorzüglich in der Hl. Schrift deutlich. Jesus gebraucht das anschauliche Bild des Wachstums, das jedem lebenden Organismus ob Pflanze, Tier, Mensch oder menschliche Gemeinschaft eigen ist, um seine Erfahrung mit Gott auszudrücken. „Von selbst bringt die Erde Frucht" (Mk 4,21), sie hat sogar *ein Herz*

für den Menschensohn (Mt 12,40). Jenes unfaßbare Geschehen, das einen Menschen überwältigt und ihn aus seiner Fassung bringt, wenn er Gott begegnet – die Geistsendung – wurde im Zusammenhang mit den Urgewalten des Feuers und des Sturmes gesehen (vgl. Apg 2,2–3).
Der andere, der wichtigste Zugang zur Seele und ihrer Erlebniswelt sind die Träume. Zum Beispiel können Träume vom Wasser, wenn sie beachtet werden, Gefühle wieder zum Fließen bringen, den Menschen neu werden lassen oder auch die Gefahr des Ertrinkens, d.h. der Psychose, des Irreseins andeuten. Die vier Elemente Wasser – Feuer – Erde – Luft wurden in asiatischen Weisheitslehren schon immer als die Grundbestandteile der menschlichen Seele angesehen. Ebenso können Träume von Tieren, wie sie auftreten und wie sie behandelt werden, viel darüber aussagen, wie ein Mensch mit seinen Antrieben und Gefühlen lebt. Ob er sie in den Käfig sperrt, ob sie Unheil anrichten, oder ob er mit ihnen gütig und klug umzugehen weiß, sagen Wesentliches über die innere Verfassung eines Menschen aus.
Franziskus nennt die Sonne seine Schwester, den Mond seinen Bruder (im Original ist Sonne Bruder, Mond Schwester), ebenso sind Wasser und Feuer seine Geschwister, die Erde seine Mutter. Diese aus spontanen Einfällen entstandenen Bezeichnungen drücken seine Nähe, Verwandtschaft und Verbundenheit mit der Natur aus. Das bedeutet aber, daß im Verfasser dieses Liedes die Anteile der Seele lebendig sind, welche dem äußeren Kosmos entsprechen. Die Klarheit und Durchsichtigkeit des Wassers spiegelt sich in seinem Innern wider, die Dankbarkeit gegenüber dem Leben und seinen Gaben ist in der Anrede „Mutter Erde“ enthalten, die innere Wärme und Kraft in der Nähe zum Feuer. Der Harmonie,

mit der Franziskus in der Natur lebt, entspricht seine innere Ausgewogenheit, Ausgeglichenheit und Lebendigkeit. Das Innere bedingt das Äußere.

Sein Bewußtsein steht in harmonischem Verhältnis zum Unbewußten. Sein Denken ist versöhnt mit dem Fühlen, das Rationale mit dem Irrationalen. Die bestimmenden Erlebnisfaktoren sind im wohlgeordneten Verhältnis. In alten Kulturen wurde diese innere Ordnung mit dem Symbol des Sonnenrades ausgedrückt, in mittelalterlichen Kathedralen in der Gestalt der Rosette. Es wird verständlich, warum Franziskus sein Preislied auf die Schöpfung mit der Sonne beginnt. Ein innerlich Erleuchteter hat ein anderes Verhältnis zum Licht als ein Mensch, der in innerer Dunkelheit lebt.

Eine Frau, die Zeit ihres Lebens von schwersten Depressionen gequält wurde, berichtet: Die Nacht, die Dunkelheit und der Schlaf seien ihr lieber als der Tag. Die Helligkeit der langen Sommertage täten ihr besonders weh, deshalb sehne sie sich nach dem Winter mit den langen dunklen Nächten. Die Finsternis in ihr selbst verlangt offensichtlich die Entsprechung im Außen, nämlich den Schutz und die Dunkelheit der Nacht.

Andererseits wird in allen Religionen die Nähe eines Menschen zu Gott mit dem Licht und dem Leuchten des Angesichts verbunden. Der Name Buddha heißt nichts anderes als der „Erleuchtete".

Ebenso ist die Hl. Schrift des Alten und Neuen Testaments voll von Lichterscheinungen. Das Antlitz des Mose erstrahlte, nachdem er mit Gott geredet hatte (Gen 34,35). In den Psalmen ist das Leuchten des Angesichts Jahwes das Zeichen der Erhörung. „Laß dein Angesicht leuchten, dann ist uns geholfen", heißt es im Psalm 80. Jesus weist auf das Licht hin, das von den Augen eines Menschen ausgeht. Es ist ein Zeichen, daß der Mensch innerlich erleuchtet ist (vgl. Mt 6,23, Lk 11,34–36).

In diesem Zusammenhang werden mittelalterliche Darstellungen der Heiligen, besonders des heiligen Franziskus, mit Heiligenschein und Goldgrund verständlicher. Die Menschen der damaligen Zeit erlebten die Heiligen als solche, in denen das innere Licht durchgebrochen war. Der Goldgrund bedeutet den Seelengrund, die innerste „Sonne". „Wenn nun dein ganzer Leib licht ist und keinen finsteren Teil hat, dann wird er ganz licht sein, wie wenn das Licht dich mit seinem Strahl beleuchtet" (Lk 11,36). Wie „einleuchtend" wird die Erzählung von Jesus, wo berichtet wird, daß sein Antlitz wie die Sonne leuchtete (Mt 17,2). Unter diesem Aspekt darf man auch die Gemälde Giottos in der Grabeskirche zu Assisi betrachten. Der Mann, der zu solchen Bildern anregte, muß eine große Ausstrahlung im ganz wörtlichen Sinn, eine starke Aura besessen haben. Man darf sagen, daß sein Gebet um Erleuchtung in einem ganz umfassenden Sinn erhört wurde[6].

Die Vorstellung, daß der Mensch eingebettet ist in den großen Kosmos, daß er von dort Sinn und Freude am Leben empfängt, war den Naturvölkern selbstverständlich. Franziskus hat es intuitiv erlebt, weil er dem Grund des Seins nahe war, dem, wie der Mensch wirklich ist. Der Mensch der Neuzeit hat diese Ordnung durchbrochen. Die Seele gilt als nicht existierend, ihre Werte wie Gefühle der Achtung und Ehrfurcht vor jedem lebenden Wesen als Illusion.

Angewandt auf unsere Zeit heißt das: Es bestehen Zusammenhänge zwischen der Verschmutzung des Wassers, dem Abholzen und Absterben der Wälder und der seelischen Verödung und Verrohung. In unserer Industriekultur fehlt die Kultivierung der Seele. In den Schulen und Universitäten lernen junge Menschen tüchtig zu werden, aber nicht, wie sie ihre Gefühle ordnen und pflegen. Um im Bild der Träume zu bleiben: Wilde Tiere als Sinnbild der inneren Antriebe, werden eingesperrt oder totgeschossen; man denkt nicht daran, daß uns deren Kraft und Instinkte zu Hilfe kämen. So werden sie zu zerstörenden Kräften. Man denke an die Ausbrüche von Aggression bis zum Terrorismus in den letzten Jahren.

Genügend tragische Ereignisse sind noch in jüngster Erinnerung, jenes unglückliche Fußballspiel im Brüsseler Stadion im Sommer 1985 oder die sich ständig wiederholenden Geiselnahmen, Gewaltanwendungen an völlig Unbeteiligten, um politische Mächte herauszufordern.

Es ist wert, zu überlegen, inwieweit die Gefühllosigkeit und Verständnislosigkeit der Erwachsenen junge Menschen in den Drogenkonsum treiben. Der Zusammenhang vom Gift in der Umwelt und dem Rauschgift ist gar nicht so weit hergeholt. Der Vater vergiftet das Wasser mit Kadmium, der Sohn vergiftet sich mit Heroin! Dem Menschen der Industriekultur ist die *Instinktnatur*, welche ihn mit dem Kosmos verbindet, verlorengegangen. Erst wenn er sie entdeckt und annimmt, kann er wieder neu werden.

Jung berichtet vom Traum eines schwer gestörten Patienten, wo in einer magischen Handlung der Versuch gemacht wird, den Gibbon wieder herzustellen. Gibbon ist der tierische Ahne in der Stammesgeschichte des Menschen. Er steht als Symbol für die Instinktnatur.[7]

Es sind die tragenden vitalen Kräfte, die das Leben reich und sinnvoll machen. Wer davon abge-

schnitten ist, tut sich auch im Zusammenleben schwer.
Der Instinkt für die äußere Natur ist derselbe wie für die innere. Es geht um das Gespür, was für einen wirklich gut ist, was schadet, was und wer zu einem paßt und was und wer nicht.

2.2.2. Innerer und äußerer Kosmos haben eine Verbindung von der Wurzel her.

Menschen wie Franziskus haben ein Gespür für die Tiefe des Seins, in dem alle Wesen zusammenhängen. Die Erfahrung ist in allen Religionen ausgesprochen, daß es so etwas gibt wie einen zentralen Kern der menschlichen Seele, welcher je nach Auffassung, Gott selbst oder nur Stätte der Gottesbegegnung ist. C.G. Jung spricht vom *Selbst als dem Bild Gottes im Menschen*. Mittelalterliche Mystiker sprechen vom Seelengrund, vom Seelenfünklein. Dieser Seelenkern ist Ursprung und Ziel jeder menschlichen Entwicklung und zugleich Zentrum des Kosmos.
Indem der Mensch das Bild Gottes in sich trägt, ist er auch im Zentrum allen Geschehens, und alle Dinge sind auf ihn ausgerichtet. Zu diesen Aussagen kommt Jung, indem er sich auf die Hl. Schrift und die Kirchenväter beruft und dazu die Riten, Gebräuche und mythischen Vorstellungen der Naturvölker heranzieht. Beim heiligen Franziskus wird eine solche Sicht vom Verhältnis des Menschen zu Gott und zur Natur besonders anschaulich. Sein erster Biograph, Thomas von Celano, führt die außerordentliche Hinwendung des Heiligen zu den Geschöpfen auf die Tatsache zurück, daß er „auf wundersame, andern verschlossene Weise Zugang in das Geheimnis der Dinge“ fand. Er sei ein Mensch gewesen, dem die

„herrliche Freiheit der Kinder Gottes" (Röm 8,21) gegeben war.[8]

Mit dem „Geheimnis der Dinge" ist wohl jenes Zentrum der Seele und des Kosmos gemeint, zu dem Franziskus einen inneren Anschluß hatte. Es liegt nahe, hier eine Parallele zu den Naturvölkern zu ziehen. Von den Angehörigen eines Indianerstammes im Norden Kanadas wird berichtet, daß sie sich ganz auf die Botschaft ihres Seelenkerns, des inneren Wegbegleiters, des „Großen Mannes" verlassen. Seine Weisungen vernehmen sie über die Träume, die ihnen eine vollständige Orientierung auch in der Beziehung zur äußeren Natur, d.h. zu Jagdmöglichkeiten und Wetter geben. Auf ihre Art kommen sie dem „Geheimnis der Dinge" nahe. Dabei werden hohe moralische Anforderungen gestellt. Denn „Lüge und Betrug verscheuchen den „Großen Mann" im Innern, während Großzügigkeit, Nächstenliebe und Tierliebe ihn anziehen."[9]

Der „Große Mann" oder der kosmische Mensch, in dem alle Menschen und die ganze Welt auf eine geheimnisvolle Weise enthalten sind, ist Thema der Mythen aller Völker. Bei den Hindus ist es Purusha, bei den Buddisten Buddha, bei den Chinesen P'an-Ku, bzw. das Tao. Im Christentum ist Christus die zentrale Figur sowohl der menschlichen Seele als auch des Kosmos.

Wenn Paulus davon spricht, daß er von Christus ergriffen ist (Phil 3,13) und daß Christus in ihm lebt (Gal 2,20), so ist psychologisch gesehen die überwältigende und ganzmachende Instanz, das Selbst, das „große Ich" in ihm wirkmächtig geworden. Die Erfahrung der ersten Christen mit dem Auferstandenen ordnete ihm eine zentrale Stellung in der eigenen Erlebniswelt und genauso auch im Kosmos zu. Dies wird im Kolosserbrief und verschiedenen anderen Texten des Neuen

Testaments zum Ausdruck gebracht: „Das All ist durch ihn und auf ihn geschaffen. Er ist vor dem All und das All hat in ihm Bestand" (Kol 1,17). In der Apokalypse heißt es: „Ich bin der Erste und der Letzte und der Lebendige" (Offb 1,17). Hier ist eine Aussage getroffen über das Leben als solches, über dessen Ursprung und Ziel.

Kennzeichnend für Franziskus ist, daß er aus diesem Ursprung lebt. Dies äußert sich in einer gewaltigen *spirituellen Kraft*, die alle anderen Antriebe wie Aggressivität, Sexualität und Besitzstreben einbindet und integriert. Man muß sich fragen: *Wie war es möglich, bei der Pflege von Aussätzigen mehr Freude zu empfinden als bei seinen bisherigen lockeren Vergnügungen?* Wie ist es zu erklären, daß er die Einsamkeit aufsuchte, sogar brauchte, um seine innere Lebenskraft zu erneuern? Woher kommen seine Entscheidungen, gegen den Willen seiner Freunde, seines Vaters, der ganzen Stadt, seinen Weg zu gehen? Die spirituelle Kraft ist zugleich die Kraft der *Überzeugung*. Bei Bonaventura, einem Schüler des Heiligen, heißt es:

„Seine Worte aber waren weder leer noch verachtenswert, sondern voll der Kraft des Heiligen Geistes; sie drangen ins Innerste der Herzen und brachten die Zuhörer sehr zum Staunen".[10]

Der Heilige hatte eine unmittelbare, erlebnismäßige Verbindung zum Ursprung, zum Zentrum der Welt, zur Wurzel aller Dinge. Die Nähe zum Ursprung vollzog und erneuerte sich bei ihm in der *Anbetung* und im Lobpreis Gottes. Anbetung heißt: ich anerkenne, daß ich geschaffen bin, daß ich immer noch geschaffen werde. Seit der Entdeckung des Unbewußten, vor allem durch C.G. Jung, hat das *Erleben von Geschöpflichkeit neue Bedeutung* gewonnen. Man weiß nämlich, daß es Kräfte gibt, die mich denken, fühlen, handeln lassen, daß das kleine vordergründige Ich gar nicht soviel kann. Das Geständnis: „Ich geschehe mir" entspricht der Wahrheit der menschlichen Seele. Zugleich ist der Lobpreis wegen seiner Absichtslosigkeit ein Raum der Freiheit. Die Verzweckung hört auf. Auf dieser Basis ergibt sich ein Verständnis von Leben und Atmen als *Selbstzweck*.

Bonaventura schreibt über Franziskus:

„Eingedenk dessen, daß alle Geschöpfe ihren letzten Ursprung in Gott haben, war er von überschwenglicher Liebe zu ihnen erfüllt. Auch die kleinsten Geschöpfe nannte er deshalb „Bruder" und „Schwester". Wußte er doch, daß sie mit ihm denselben Ursprung hatten".[11]

Noch ausführlicher schildert Thomas von Celano diesen Zug des Heiligen:

„Das Überströmende seiner zarten Liebe und Barmherzigkeit erfuhren nicht nur notleidende Menschen, sondern sogar die stumme und unvernünftige Kreatur, alles, was da keucht und fleucht, was fühlen kann, und selbst noch fühllose Wesen. . . Bis hin zu den Würmlein erstreckte sich seine Zartheit." Ganz hingerissen war er von den Blumen und forderte sie zum Lobpreis Gottes auf. „So auch die Saatfelder und Weinberge, die Steinschichten der Erde, Feuer, Luft und Wind; alles mahnte sein kindlich reiner Sinn zur Liebe Gottes und zum Gehorsam in Freude."[12]

„Ganz verwunderlich sei es, wie selbst die vernunftlose Kreatur seine liebreiche Gesinnung verspürte und ein Gefühl für seine Zärtlichkeit bekundete."[13]

2.2.3. Es gibt eine allumfassende, wirkende Ordnung!

Es lohnt sich, von psychologischer Seite der Frage nachzugehen, inwieweit die lebendige Verbindung zum Ursprung, in religiöser Sprache ausgedrückt, wahre Frömmigkeit, Einfluß auf das Verhalten der unvernünftigen, sogar der leblosen

Natur hat. Im Zusammenhang mit der Frage: „Gibt es einen Zufall?" spricht Jung von Synchronizität. Darunter versteht er ein *sinnvolles zeitliches Zusammentreffen* eines inneren mit einem äußeren Ereignis, ohne daß diese Ereignisse voneinander abhängig wären.[14]

Von einem „sinnvollen" Zusammenhang kann man zum Beispiel dann sprechen, wenn sich eine Frau ein blaues Kleid bestellt und es wird ihr ein schwarzes geschickt. Zur gleichen Zeit stirbt in der Verwandtschaft jemand. Wenn wir aufmerksam in unser Leben schauen, unsere Träume beobachten und äußere Ereignisse damit vergleichen, werden wir mehr solche sinnvolle zeitliche Zusammentreffen erkennen, als wir gemeinhin annehmen. Man kann nun daraus schließen, daß es so etwas wie eine über den Ereignissen stehende Macht geben muß, welche Ereignisse anzieht und ordnet. Die Chinesen dachten von diesem sinnvoll wirkenden Ganzen aus und bauten darauf ihre ganze Philosophie und Staatsform auf. Sie nannten es die „Große Ordnung" oder das Tao. Was damit gemeint ist, veranschaulicht die Geschichte vom chinesischen Regenmacher. Dieser kam in ein Dorf, wo eine übergroße Dürre herrschte. Die Leute klagten ihm ihre Not. Der Regenmacher ging darauf in den Wald und meditierte. Nach drei Tagen kam der Regen. Er nahm, so wird von ihm gesagt, die Unordnung der Natur in sich auf, brachte sich selbst wieder in Ordnung und heilte damit auch die Natur.

Es wundert nicht, wenn von Franziskus eine ähnliche Begebenheit erzählt wird.

Bonaventura berichtet aus dem Leben des Heiligen, daß er einst in eine Stadt kam, deren Bewohner arg von Hagelschlag und Wölfen heimgesucht wurden. Franziskus ermahnte sie zu einem frommen Leben. Dann würden die Plagen von

Unwetter und wilden Tieren aufhören. Tatsächlich „hielten sich Hagelschlag und Wölfe an das Versprechen des Gottesdieners und wüteten nicht mehr erbarmungslos gegen jene Menschen, die sich zu einem frommen Leben bekehrt hatten." Benaventura bemerkt weiter: „Wir müssen daher gläubig die Frömmigkeit des Seligen verehren, die mit so außergewöhnlicher Milde und Macht die wilden Tiere zähmte, die Haustiere gelehrig machte und die Natur der vernunftlosen Tiere, die sich gegen die sündigen Menschen auflehnte, zum Gehorsam gegen sie führte. Das ist jene Frömmigkeit, die alle *Geschöpfe* miteinander versöhnte und zu allem nütze ist, denn sie hat die Verheißung für dieses und das zukünftige Leben."[15]

Wenn Jesus einen Feigenbaum verdorren läßt, erscheint das zunächst recht hart und naturfeindlich. Doch wird es verstehbarer, wenn man in den beschriebenen Zusammenhängen denkt. Die geistig-religiöse Erstarrung des Volkes und seiner Führung fällt mit dem Absterben des Baumes zusammen und ist zugleich der innere Grund dafür. Der Zustand des Verschlossenseins und Nichtglaubens prägt ein äußeres Bild.

Parallelen für unsere Zeit liegen auf der Hand. Die emotional-geistliche Austrocknung des modernen Menschen, von der auch der noch religiöse Mensch angesteckt ist, schlägt sich im Außen nieder. Tote Bäume sind tote Seelen.

Das Reden über das Zentrum des Kosmos, über sinnvolle „Zufälle", über den Zusammenhang von Mensch und Natur offenbart ein Denken, das dem modernen Menschen fremd ist, den Naturvölkern aber selbstverständlich war. Ob nicht gerade in dem Mangel, den Menschen in seiner Beziehung zur ihn umgebenden Welt auf diese Weise zu sehen, die Ursache für das Unheil liegt, das er mit sich und der Natur anrichtet? Der Mensch, der mit sich selbst entzweit ist, trägt etwas Zerstörendes in sich. Die alte Vorstellung vom Dämon hat hier sein Körnchen Wahrheit. Wer vom Grunde auf, ganz vom Innersten her mit sich im Reinen ist, ist auch eins mit dem Ursprung aller Wesen. Er lebt Heilung und Versöhnung von der Wurzel her.

3. Leben wie Franziskus?

3.1. Die Schwierigkeiten der Umkehr

Leben wie Franziskus, einfach und selbstlos, ist Utopie und Herausforderung. Kann man das, was im besten Fall einigen wenigen möglich ist, der Gesamtheit der Bevölkerung empfehlen? Es hat den Anschein, als ob hier ein wirtschaftlicher Selbstmord angeraten würde. Der Verzicht auf das errungene Einkommen, auf ein Stück Bequemlichkeit und Freizügigkeit gilt als unzumutbar.

Die Gegner dieser Ideale sprechen von Wirklichkeitsverlust. Wem ist mit Massenarbeitslosigkeit gedient? Wie soll hungernden Völkern bei schwindendem Einkommen in den Industrieländern geholfen werden? Ist überhaupt eine Rückkehr zu einem weniger aufwendigen, weniger technisierten, weniger komplizierten Lebensstil möglich? Werden es die Menschen freiwillig tun oder nur auf den Druck einer äußeren Situation, wie es in der Kriegs- und Nachkriegszeit einmal geschehen ist?

So gesehen ist das Beispiel des Franziskus Utopie. Aber es ist zugleich eine Herausforderung an das ethische Denken des Menschen, an den Bereich, der das Leben sinnvoll und wertvoll macht. Die bloße Befriedigung materieller, erkaufbarer Bedürfnisse treibt den Menschen immer wieder in die beklagte Verödung des Daseins. Aber die hohen Ideale allein können den Menschen auch überfordern. Ethische Denkweise läßt sich so umschreiben: Der Mensch soll das Sinnvolle erkennen und es mit gutem Willen ausführen. Es geht um Appelle an Einsicht und Vernunft. Die Wirksamkeit solcher Aufrufe ist aber bis jetzt nicht durchschlagend. Die bloße Infor-

mation veranlaßt noch keine Änderung der Einstellung und des Lebensstils. Deshalb ist angeraten, zu fragen, ob eine ethische Denkweise allein ausreichend ist. Wenn von kranken Bäumen und kranken Seelen die Rede ist, dann ist die therapeutische Art, an die Probleme heranzugehen, hilfreicher. Das heißt, man sollte schauen, worunter die Menschen leiden, und sie konkret daraufhin ansprechen. Ihre Leiden verstehen und annehmen ist besser als anklagen.
Für die Neubegründung von Werten und für den Wandel des Lebensstils müssen tiefere Schichten der Seele aufgebrochen werden. Es geht darum, an den bestimmenden Punkt des Erlebens heranzukommen und diesen zu verändern.
Genau das geschieht in der Therapie. Das Wort stammt aus dem Griechischen und heißt „Heilung". Im therapeutischen Gespräch wird durch einfühlendes Verstehen der Herd der Krankheit offengelegt, werden heilende Kräfte geweckt und der Prozeß der Genesung angeregt. Dazu muß gesagt werden, daß jedes einfühlende Verstehen eine heilende Wirkung hat ganz gleich, ob es von einem beruflichen Therapeuten ausgeübt wird oder nicht. Die Abwehr gegen lebensfördernde Erkenntnisse wird nach und nach abgebaut. Es werden Informationen angenommen und anders als früher gewertet. Durch eine emotionale Entlastung werden Kräfte frei, die neues, ungewohntes Tun ermöglichen, ohne wiederum zu überfordern.
Neben allen dringenden Sofortmaßnahmen zur Rettung des Waldes sollte die Krankheit der Seelen im Mittelpunkt stehen. Jeder, auch der als normal geltende, sollte sich, darf sich sogar fragen: Worunter leide ich selbst? An welchen verkehrten Lebensinhalten, an welchen Gefühlsblockaden, Ängsten, an welcher Langeweile und

Verödung des Daseins? Und was tue ich dagegen? Die beklagte Flucht in materielle Werte ist meist ein Davonlaufen vor den verborgenen Problemen und den Ansprüchen einer vertieften und gereiften Menschlichkeit. Die Suche nach den Quellen des seelischen Lebens und des menschlichen Glücks sollte im Mittelpunkt der Bemühungen stehen.

Die Einsicht in die Krankheit ist Voraussetzung für die Therapie. Tote Bäume können gewiß nicht mehr zum Leben erweckt werden, wohl aber tote Seelen, wenn der eigene desolate Zustand voll und ganz wahrgenommen und durchlitten wird. Überall dort, wo existentielle Betroffenheit zugelassen und Leidensdruck gemildert wird, werden neue Einstellungen möglich. Man sieht die Dinge anders. Prioritäten werden anders gesetzt. Von selbst legen solche Menschen mehr Wert auf das, was seelisches Wachstum und innere Bereicherung fördert, als auf oberflächliche Bedürfnisbefriedigungen.

Gewiß ist noch nicht jeder, der eine Lebenskrise durchgestanden hat, Franziskus ähnlich, aber es ergibt sich doch ein Schritt von außen nach innen, von der Veräußerlichung zum Wesentlichen des Menschseins. So gesehen bedarf die pessimistische Schilderung unserer Zeit einer Ergänzung. Es gibt heute einen Einbruch in den naiven Glauben an den Fortschritt. Die Bewegung, die sich unter dem Namen „die Grünen“ ein Dach gegeben hat, ist nicht mehr zu übersehen. Es geht hier nicht um die Beurteilung ihrer politischen Rolle. Aber sie kann als Signal gesehen werden für eine Zeitströmung, die von einem weiteren Ausbau der Technik nicht mehr das Heil erwartet. Kritiker unserer Gesellschaft sprechen vom Ende der Aufklärung. Das Irrationale, also das, was nicht unbedingt vernünftig ist, sogar das Religiöse lebt bei Menschen auf, von denen man es am allerwenigsten vermutet hätte. Ob es ihnen zum Heil wird, steht auf einem anderen Blatt. Erwähnt seien in diesem Zusammenhang die Vorgänge um Shree Rajneesh Bhagwan, dessen Faszination zum großen Teil Intellektuelle zum Opfer fielen.

Die Alternativszene ist bevölkert von Leuten, die in der herkömmlichen Lebensform keinen Sinn und keine Zukunft mehr sehen. Sie suchen nach tragfähigen „Alternativen", nach Inhalten und Formen des Zusammenlebens und der Arbeit, die den Menschen weniger einseitig belasten, ihn weniger seelisch verkümmern und verkommen lassen. Auf den ersten Blick besaß Franziskus jenen Geist und jene Gesinnung, die heute einer unterschwelligen oder offenen Erwartung vieler kritisch Denkender entgegenkommt. Der Verzicht auf ein Leben, dessen Inhalt eine ständige Überforderung und Eintönigkeit ist, klingt jungen Menschen recht sympathisch, ebenso die damit in Kauf genommene Auseinandersetzung mit den Autoritäten. Sie fühlen sich von ihm bestärkt in der Ablehnung einer Gesellschaft, die die Dritte Welt ausbeutet, den Boden zerstört, die Tiere ausrottet und die Schöpfung ihrer Würde beraubt. Aber ist die bloße Weigerung, eine Berufsausbildung abzuschließen, ein festes Arbeitsverhältnis und eine Bindung auf Lebenszeit einzugehen, schon die geforderte Umkehr und Nachfolge des hl. Franziskus? Psychologen sagen: Es ist die Weigerung, erwachsen zu werden. Zweifellos mischt sich hier die Lust am Neuen, am Abenteuer, mit Lebensunlust, mit Depression und Verzweiflung. Die Krankheiten der Zeit werden hier noch nicht geheilt, wohl aber mit aller Deutlichkeit offenbar. Bei allen äußeren Ähnlichkeiten trennt ein tiefer Graben die im Grunde doch düstere Welt der heutigen Aussteiger von der frohen und hoffnungsvollen Art des hl. Franziskus. Wohl muß man zugeben, daß bei diesen jungen Leuten die Chance, den hl. Franziskus zu verstehen, größer ist als bei den „Normalen". Bei wem die Suche nach Sinn und Wahrhaftigkeit den Vorrang hat vor dem Streben nach Wohlstand und finanzieller Absicherung, befindet sich sicher auf dem rechten Weg. Vorausgesetzt muß allerdings werden, daß er die augenblicklichen Erkenntnisse und den momentanen Zustand nicht als Höhepunkt und Endzustand seiner Entwicklung ansieht.

Man kann heute mehr als früher Menschen entdecken, die mit großem Ernst und innerer Konsequenz in aller Stille eine innere Linie verfolgen. Diese Menschen kommen auf Grund ihrer Geradheit und Echtheit von selbst dem nahe, was Franziskus entdeckt hat. Die äußere Übernahme von Idealen und Programmen des Heiligen kann sich als Irrweg erweisen, wenn einer das Ureigenste in sich selbst nicht entdeckt. Dieses Eigene trifft sich mit dem transzendenten Kern des Menschen, von dem eine Wandlung des Wesens ausgeht. Wenn dieses nicht angerührt wird, bleibt ein Befolgen der Ideen und Mahnungen mühsam und ohne Elan. Sehr bald werden für die gebrachten Opfer Kompensationen gesucht. Alles dreht sich um die Frage: Wird der Erlebnisraum des hl. Franziskus in mir selbst geöffnet oder bleibt er verschlossen? Werden die Quellen des seelischen Lebens entdeckt? Dies besagt eine Unmittelbarkeit der Gefühle und der religiösen Erfahrung, wie Franziskus sie besaß und wie sie nachklingt in einem Bericht der Drei-Gefährten-Legende über die Anfangszeit des Franziskusordens:

„Und wie sie ihres Weges nach der Mark dahinschritten, frohlockten sie laut im Herrn . . . und der Heilige

sang helle und laute Lieder in provenzalischer Mundart. Groß war die Freude in ihnen, da sie überzeugt waren, daß sie jenen Schatz im Acker des Evangeliums gefunden hatten, den Schatz der hehren Frau Armut. Und die Liebe zu ihr ließ sie alles Irdische freien und frohen Herzens mißachten, als wäre alles nur Kot."[16]
Der aufmerksame Leser spürt etwas von der unbegrenzten Freude, von der Freiheit und Überlegenheit gegenüber allem, worum Menschen streiten.
Franziskus ist in einem Prozeß der Heilung frei geworden von dunklen Gefühlen. Es wird ein inneres Geschehen, vergleichbar mit dem Wachsen und Blühen eines Baumes. Um heute innerlich dahin zu kommen, wo Franziskus war, wird ein Mensch seine ganze Aufmerksamkeit und Mühe diesem Prozeß zuwenden. Er achtet mehr auf innere Vorgänge und läßt seelische Entwicklungen zu. Wenn einmal die Quellen des seelischen Lebens fließen, geht vieles von selbst, was früher unmöglich schien.

3.2. Trauerarbeit

Als Einstieg in den Prozeß der Wandlung wurde die Schau nach innen angeregt. Zu fragen: Wie geht es mir wirklich? ist wirksamer, als sich blind guten Vorsätzen auszusetzen. Es befreit und legt das Eigene offen. Damit werden Schmerzen frei. Sie werden fruchtbar, wenn man sie zuläßt, beim Namen nennt und sie ausspricht, wenn es möglich ist. Es tritt eine kathartische, d.h. reinigende Wirkung ein. Bonaventura spricht vom Wege der Läuterung. Heute ist dafür der Ausdruck Trauerarbeit gebräuchlich. Trauer sieht man bei Menschen, die einen Angehörigen oder Freund verloren haben. Sie dauert so lange, bis die seelische Wunde geheilt ist. Trauernde Menschen

sind in sich gekehrt; man gestattet ihnen zu weinen, sie bekommen von den Freunden und Bekannten besondere Zuwendung. Früher wurde schon durch die Kleidung der innere Zustand zum Ausdruck gebracht, sodaß die anderen wußten, wie sie mit ihnen umzugehen hatten.
Eine nach außen gekehrte Lebensfreude paßt nicht zu der nach innen gekehrten Verfassung. Der psychische Organismus braucht alle Energie, um sich selbst zu heilen, ähnlich dem Körper, der für die Genesung die Bettruhe braucht. Es ist wichtig, daß Menschen ihre Trauer ausleben, sonst bleibt etwas von der Traurigkeit übrig und beeinträchtigt den normalisierten seelischen Ablauf.

Im Prozeß des Trauerns findet sich eine Spur zu dem, wie Franziskus lebte. Es gab in seinem Leben eine Phase, die man mit gutem Recht als „Trauerarbeit" bezeichnen darf. Historisch war es die Zeit von 1204 bis 1209, wo er vom normalen bürgerlichen Dasein „ausstieg" und – was ihn vom Durchschnittstrauernden unterscheidet – dorthin nicht mehr zurückkehrte. Sein Weg vom verwöhnten Sohn reicher Eltern zu dem Mann, als der er in die Geschichte einging, ist gekennzeichnet durch Krisen, Sinneinbrüche und Leiden an der Dunkelheit. Bei Bonaventura sind der Anstoß seines Umbruchs eine langwährende Krankheit und verschiedene von Gott gesandte Träume. Die innere Stimme, die ihn lockte, beeindruckte ihn so sehr, daß er sich von der Öffentlichkeit zurückzog.

„In dieser Zeit suchte er entlegene Gegenden, die Heimstätten der Trauer auf; während er dort immerzu mit unaussprechlichen Seufzern betete, verdiente er, daß sein inständiges Flehen erhört wurde."[17]

Eines tritt bei Franziskus deutlich hervor: Das Trauern ist keineswegs ein passives Sich-der-

Melancholie-überlassen; mit den Erschütterungen und dem Weinen ist das inständige Beten als ein aktivierendes Moment verbunden. Hierin unterscheidet sich der fruchtbare Vorgang des Trauerns vom krankhaften, rein passiven Zustand der Depression.

Was hat Franziskus betrauert? Nach den Berichten war er unter Gleichaltrigen beliebt, hatte er offensichtlich eine glückliche Kindheit. Nach psychodiagnostischen Maßstäben war er gesund. Um seine „Trauer" zu verstehen, muß man noch ein einschneidendes Erlebnis heranziehen, das in die Anfangszeit seines neuen Lebens fällt und in der Drei-Gefährten-Legende überliefert ist. Bei einer nächtlichen Wanderung mit seinen Freunden hatte ihn „der Herr berührt".

„Eine solche Süße (das italienische Wort „dulcezza" kann auch übersetzt werden mit „seliges Hingerissensein", „inneres Erglühen") erfüllte sein Herz, daß er weder reden noch sich bewegen konnte."[18]

Es war ein unmittelbares Innewerden Gottes, das jeglichen Erfahrungshorizont des Menschen übersteigt. Die Wucht dieses Erlebnisses ließ ihm alles, was ihm bisher etwas bedeutet hatte, Geld, Bequemlichkeit, Beliebtheit, nächtliches Feiern, Zukunftspläne, als belanglos erscheinen. Als die Gottesbegegnung vorüber war, waren für ihn – so darf man annehmen – die Selbstverständlichkeiten des Alltags, das banale Tun und Gerede seiner Freunde und Bekannten unerträglich. Es wurde ihm bewußt, daß er in die bisherige Welt nicht mehr hineinpaßte. Das Leben war für ihn aufgesprengt worden bis in die letzte Tiefe seiner Existenz. Mit einem Schlag wurde ihm das Ungenügen an einer nur weltlichen Welt klar. „Von jener Stunde an begann er, sein eigenes Nichts zu verachten."[19] Der Daseinsschmerz, der in ihm aufgebrochen war, war der Grund seiner Trauer.

Darin war der Abschied von Eltern und Freunden und deren Welt miteingeschlossen. Wenn ihm später das Sterben so leicht fiel – er nannte den Tod seinen Bruder – so läßt sich mit Berechtigung sagen, daß er es im Prozeß des Trauerns im voraus vollzogen hat. Er ist hier seinen Tod schon einmal gestorben. Indem Franziskus bis in die letzten Fasern seines Wesens aufgewühlt war, wurde eine Urangst aktualisiert, die ein Mensch nur in Todesgefahr erlebt. Nur in diesem Aufgewühltsein ist es möglich, sich dem Wirken Gottes voll und ganz zu öffnen. Damit wird die Grundangst, die sonst jedes Handeln ein Stück verdirbt, überwunden. Die besprochene Art zu trauern führt durch Schmerz und Angst hinüber zu einem neuen Zustand, in dem das Habenwollen aufhört. Der für unsere Zeit von Erich Fromm geforderte Überschritt von der Daseinsform des Habens in die des Seins wird hier Wirklichkeit.[20]
In dem sich ereignenden höheren Menschsein ist zugleich die ökologische Umkehr eingeschlossen. Die bloße Mahnung, arm und bedürfnislos zu werden, muß solange Überforderung und Utopie bleiben, bis das Habenwollen in seinen verschiedensten Ausprägungen durch einen Prozeß des Werdens überwunden wird. Die Loslösung von Dingen, von Personen, von Vorstellungen und Ideen, kann als Trauerarbeit gesehen werden.
Die vielfach bewunderte radikale Armut des hl. Franziskus ist mehr Ergebnis einer Erfahrung als Inhalt guter Vorsätze. Weil er Kostbarstes spürte, konnte er auf Äußerlichkeiten verzichten.
Um zu lernen, wie Franziskus zu leben, ist es nützlich, das Thema des Trauerns noch einmal aufzugreifen. Jede seelische Wunde, ob das nun mangelnde Nähe und Zuwendung in der frühen Kindheit, das Zerbrechen einer Freundschaft

oder einer Ehe, oder der Tod eines geliebten Menschen ist, braucht eine Zeit der Heilung. Nicht betrauerte, verborgene Verwundungen sind ein ständiger Herd der Unruhe und krankmachender Symptome. Die Psychoanalyse versucht nun, solche nichtausgeheilten Bereiche, unbewältigte Probleme, unerledigte Handlungen, aufzudecken. Der Analysand soll erlebnismäßig mit jenen Schichten der Seele in Kontakt kommen, von wo die Krankheit ausgeht.

Für das Thema „Kranke Bäume – Kranke Seelen" heißt das, daß es durchaus ein Leiden an der erkrankten und getöteten Natur gibt. Es ist wie bei so vielen Neurotikern verborgen, nährt aber ständig Konflikte, wie die schon beklagten Krankheiten unserer Zeit. Wenn die Natur draußen aus dem Gleichgewicht geraten ist, dann nur, weil die innere des Menschen es vorher schon war. Die Selbstverständlichkeiten des modernen Lebensstils, wie die einseitige Bemühung um den materiellen Bereich, die völlige Abwesenheit einer bedeutsamen religiösen Erfahrung im Leben der meisten, die mangelnde Kultur im emotionalen Bereich, die ständige Ablenkung von sich selbst in der Freizeit, sind, gemessen an anderen Kulturen, Anzeichen einer kollektiven Neurose.

Der Indianerhäuptling Seattle äußert 1855 in seiner Rede an den amerikanischen Präsidenten sein Bedenken über die Art, wie die Weißen mit der Erde und den Tieren umgehen, ja wie sie überhaupt leben.

„Was die Erde befällt, befällt auch die Söhne der Erde. Lehrt Eure Kinder, was wir unsere Kinder lehren: Die Erde ist unsere Mutter . . . Wenn Menschen auf die Erde spucken, bespeien sie sich selbst."[21]

Ein Indianer aus dem Stamm der Omaha klagt in unseren Tagen über die Verwüstung des Landes: „Ich sehe das Land verwüstet, und mich drückt unsäglicher Kummer."[22]

Dieser „unsägliche Kummer“ ist auch – man täusche sich nicht – dem Weißen nicht unbekannt. Nur hat er hier andere Namen und es werden andere Ursachen angeführt, falls er nicht verdrängt wird. Deshalb entspräche es heute der Wahrheit, um die geschändete Mutter Erde, wie um die lebendige Beziehung zu ihr, die innere Instinktnatur, die verlorene Seele gleichermaßen zu trauern.

Es mag dem modernen Menschen so ergehen wie einem Mann, der in der therapeutischen Sitzung um seine längst verstorbene Mutter weint. Weil er es mit fünf Jahren nicht konnte, muß er sie jetzt begraben und den Schmerz der Trennung bewußt durchleiden. Erst dann wird die Mutter auch in ihm ruhen, ihn in Ruhe lassen, aber ihm auch die Kraft spenden, die er zum Leben braucht. Trauerarbeit heißt, daß ein Neuanfang, eine neue Beziehung zu den Toten und zu den Lebenden entsteht. Auf dieser Linie liegt auch eine Hoffnung für den modernen Menschen in seinem Verhältnis zur Natur sowie auch eine Hoffnung für die Bäume.

Anschaulich wurde Trauerarbeit im Bereich Mensch und Natur auf einer Veranstaltung einer kirchlichen Akademie. Dort sollten Frauen zur Darstellung ihrer Probleme ein antikes Mysterienspiel aufführen. Eine der Anwesenden übernahm die Rolle der Unterweltgöttin so vollkommen, daß sie rein intuitiv wertvolle Lösungsmöglichkeiten anbot. Als Bedingung, um mit der Göttin in Kontakt zu kommen, legte sie den Bittstellerinnen die Aufgabe vor, sie müßten zuerst mit ihr eine tote Schlange, die sie beim Spaziergang gefunden hatten, begraben. Erst dann könne die Bitte erhört werden.

Die Lösung der Probleme liegt in der *Symbolhandlung als solcher*. Wer ein Lebewesen beerdigt, erweist ihm Ehrfurcht und Achtung, „die letzte Ehre“. Damit wird ein verlorengegangener

Erlebnisinhalt, nämlich die Ehrfurcht aktualisert. Ihr Verlust wurde schon als Merkmal des aufgeklärten Menschen angeführt. Ihre Wiedergewinnung wäre der eigentliche Fortschritt. Der bloße Protest gegen die industrialisierte Lebensform schafft noch nichts Neues und macht Totes noch nicht lebendig.

Bei dem erwähnten Mysterienspiel verdient das zu betrauernde Wesen als solches besondere Beachtung. Die Schlange wird bei Naturvölkern als Symbol der Erdmutter betrachtet; eine tote Schlange ist deshalb ein treffendes Sinnbild für den Zustand der Schöpfung und den der menschlichen Seele, nämlich für die abgestorbene Verbindung mit der Ganzheit und Sinnhaftigkeit des Kosmos und mit den Quellen des seelischen Lebens, für die verlorene Instinktnatur. Die symbolische Handlung im Mysterienspiel könnte ebenso Inhalt eines Traumes gewesen sein. Seine Botschaft würde dann lauten: Begrabe zuallererst deine inneren Toten! Laß dich auf den Prozeß des Trauerns ein! Durchleide noch einmal bewußt die Not deiner entleerten Seele! Erst die Trauer und die wiedergewonnene Haltung der Ehrfurcht bringen dich in Berührung mit dem Göttlichen in dir!

Wer sich vom Schmerz betreffen läßt, setzt sich der Eigentätigkeit der Seele voll und ganz aus. Weinen befreit. Der Prozeß der Wandlung gewinnt eine eigene Dynamik. Angestaute Energien können wieder fließen, aber in eine Richtung, die ihnen bisher verwehrt war. Das Gespür für das Wesentliche und für Bedürfnisse, die vom Wesen kommen, erwacht. Angst, Spannung und Zerrissenheit fallen vom gequälten Menschen ab, statt dessen erfüllen ihn Friede und innere Freude. Es sind Kräfte des Ursprungs, die am Werk sind. Ein solcher Mensch gewinnt seine Seele wieder zurück, die Beziehungen zu den Mitmenschen, zur Natur und zu Gott werden lebendig. Höhepunkt einer solchen Wandlung kann ein Ergriffensein von Gott sein, ähnlich dem, wie es bei Franziskus war oder wie es die russische Schriftstellerin Tatjana Goritschewa beschreibt. Ihre konsequente Suche nach der Wahrheit und nach ihrem Wesen, ihr Mut und ihre Bereitschaft, dafür zu leiden, führten zu einem Erlebnis, in dem sie mit sich, mit Gott und dem Kosmos eins wurde.

„Es passierte etwas ganz Unerwartetes, etwas ganz Unvorstellbares. Er machte mir klar, daß es Ihn gibt. Nicht den abstrakten, den anonymen Gott der Yogis, sondern den liebenden himmlischen Vater der Bibel. Er liebt mich und alles um mich herum. Das habe ich ganz klar gesehen, als würde sich mir der erste Tag der Schöpfung eröffnen. Die ganze Landschaft ringsumher, früher so arm, erstrahlte in ungewöhnlicher Fröhlichkeit. Es schien, als frohlockte jedes Gras, jedes Blättchen; als sei die ganze Welt gerade eben aus seinen liebenden Händen hervorgegangen. So bin ich neu geboren."[23]

Die als Atheistin erzogene Philosophin, Frauenrechtlerin und Dessidentin reist heute durch Westeuropa und füllt mit den bewegenden Schilderungen ihrer Geschichte Kirchen mit alten und jungen Leuten. Sie wird als Zeugin eines neuen, aufbrechenden Glaubens überall willkommen geheißen. Wieviele aber nehmen ihre Kritik an der allgemein verbreiteten westeuropäischen Kirchlichkeit, an deren veräußerlichten Religiösität, an der kalten, emotional und spirituell entleerten Theologie ernst?[24]

Es hat den Anschein, daß wenigstens einige wenige jüngere oder ältere Menschen den ansteckenden und erlösenden Glauben dieser Frau, der ihrem Suchen entgegenkommt, entschlossen in Erwägung ziehen. Sie müssen allerdings den harten Weg der Trauer auf sich nehmen und bereit sein, für die entdeckte tiefere Wahrheit einsam und unverstanden zu leiden.

3.3. Bilder, Träume, Visionen

Im Sonnengesang lebt die Seele des hl. Franziskus. Sie spiegelt sich wieder im Leuchten der Sterne, in der aufgehenden Sonne, im klaren und frischen Quellwassser, im Rauschen des Windes, im wärmenden und erhellenden Feuer, in der Güte der Mutter Erde. Erscheinungen der Natur sind Qualitäten und Bilder der Seele.[25] So empfinden und fühlen wie Franziskus bedeutet, von diesen Bildern berührt zu werden. Sie entfalten dann eine *eigene Wirksamkeit,* tragen und inspirieren den, der sich ihnen öffnet. Wenn einmal das Innerste der Seele erwacht ist, bringt sie ihre Schöpfung hervor. Dazu gehören als erstes die Träume. Man kann sie als Gestaltungen des unbekannten, dunklen Teils der Seele erkennen. Wenn im Schlaf das Wachbewußtsein abgesenkt ist, ist die innere Welt offener.
Jung nennt sie die objektive Seite der Psyche, welche eigenständig denkt und handelt. Die Träume sind ihre Spiegelungen. Visionen sind Träumen vergleichbar. Auch sie gehen auf die spontane und autonome Tätigkeit des hinter dem Ich stehenden Teils der Seele zurück. Aber sie überkommen im Unterschied zu den Träumen einen Menschen meist im Wachzustand. Ihre Inhalte sind besonders beeindruckend und ergreifend. Sie haben eine wichtige Botschaft für die Lebensgestaltung des Empfängers allein schon durch die Erschütterung und den langdauernden Nacheffekt, den sie auslösen. Menschen, die für Visionen begabt sind, haben eine besonders dünne Wand zum Unbewußten.[26]

Was in alltäglichen Träumen an Szenen und dramatischen Abläufen passiert, sieht auf den ersten Blick nicht nach göttlicher Führung aus. Träume gelten als unwirklich, als unverständlich und zum Teil als unangenehm. Deshalb haben sie keinen hohen Rang.

Es ist gut, sich die Frage nach der Realität der Träume zu stellen. Was haben sie mit der Wirklichkeit zu tun? Wirklich sind die *Stimmungen und Gefühle,* die von einem Traum ausgelöst werden oder ihn begleiten. Jemand wacht nach einem Traum mit einer ganz realen Angst auf. Manch gereizte und unruhige Stimmung begann in der Nacht mit einem Traum. Eines läßt sich festhalten: Die einzelnen Bilder und Ereignisse eines Traumes sind wörtlich und konkret genommen sicher nicht wirklich. Es stirbt niemand, man fällt nicht herunter, man braucht keine schwierige Aufgabe in der dargestellten Form zu lösen. Aber die Träume weisen auf *eine Wirklichkeit hin, die am Werk* ist. Es geht um innere *Prozesse* und *Ereignisse,* die das Leben eines Menschen bestimmen, seine Einfälle, seine Gedanken, seine Gefühle und sein Tun. Der Mensch ist mehr von diesem Bereich bestimmt, als er sich eingestehen will.

Die Wertschätzung der Träume ist in der Bibel offenkundig. Erwähnt seien der Traum Jakobs von der Himmelsleiter (Gen 28,1), die Träume Josephs, der nach Ägypten verkauft wurde (Gen 37,50), Hiob (Hiob 33,15), der in den Nachtgesichten die Stimme Gottes erfährt und schließlich Joseph, der Mann Marias (Mt 1,20), sowie die Weisen aus dem Morgenland (Mt 2,12).

In Übereinstimmung mit der Hl. Schrift, mit den Naturvölkern und mit der modernen Psychotherapie geht man also nicht fehl, diesen Erzeugnissen der Seele Beachtung, Aufmerksamkeit und

Ehrfurcht zu schenken. Sie enthalten Weisungen für die Zukunft, heilende Kraft und Lösungen für anstehende Probleme. Gott selbst ist es – so die Bibel –, der durch sie den Menschen seine Botschaft zukommen läßt.

Eigentlich dürfte es nicht überraschen, daß Träume und Visionen auch für den hl. Franziskus von großer Bedeutung waren. Sowohl die „Dreigefährtenlegende" als auch Bonaventura in seinem Großen Franziskusleben berichten den ersten Traum, der für die Entwicklung des Heiligen bedeutsam wurde. Beide führen ihn *auf Gott* zurück.

„Eines Nachts, da er schlief, erschien ihm jemand, der rief ihn beim Namen und führte ihn in einen weiten, herrlichen Palast. Da gab es der Waffen viel, prächtige Schilde und Rüstungen aller Art, die an den Wänden hingen und auf Kriegsruhm zu harren schienen.

Von höchster Freude erfaßt, fragte er sich voll Staunens, was das bedeuten möge und wem die herrlichen Waffen hier und der prächtige Palast gehöre. Und es ward ihm gesagt, das alles mitsamt dem Palast gehöre ihm und seinen Edlen."[27]

Mit Recht kann man hier einen Initialtraum sehen. So heißen in der analytischen Traumarbeit jene Träume, die den inneren Weg einer Analyse einleiten. Sie zeichnen sich durch ihre deutlichen und auffallenden Bilder aus und stellen das Lebensthema und die Aufgabe des Träumers dar. Sie enthalten Auftrag und Verheißung. Initialträume sind mit Berufungsvisionen vergleichbar. Ein Palast oder Schloß in einem Traum oder Märchen ist zu allen Zeiten ein Symbol für die Ganzwerdung. Das Finden der Ganzheit war für Franziskus gleichbedeutend mit dem Ruf in unmittelbare Nähe Gottes. So gesehen wird Franziskus durch den Traum seine Lebensaufgabe und -verheißung vorgestellt. Es geht darum, in seinem Schloß die Herrschaft anzutreten, Ritter oder

König zu werden. Ihm drängt sich zunächst eine wörtliche und naive Deutung auf. Er sieht eine Bestätigung seiner ehrgeizigen Pläne. Voller Eifer bricht er für den dazu nötigen Kriegszug auf. Erst durch einen zweiten Traum wird ihm die rein äußerliche Verwirklichung verwehrt. Er müsse (vom Kriegszug) umkehren, wenn er dem Herrn und nicht dem Knecht dienen wolle. Damit ist nach mittelalterlichen Verhältnissen eingeschlossen: Selbst Herr und nicht Knecht zu werden.
Die naive Auslegung bestätigt nur, was man schon weiß und will. Die tiefere Erkenntnis verändert die Einstellung und Richtung des Bewußtseins. War ein Mensch oberflächlich und nach außen gekehrt, so ist er jetzt ernster, wesentlicher und verinnerlichter. Zu Recht wird ein solches Ereignis „Umkehr" genannt. Mit Träumen umzugehen heißt nicht, seine intellektuelle Neugierde zu befriedigen, indem man Neues über sich erfährt, sondern die Art seines Denkens und Wahrnehmens und seine Wertprioritäten verändern.

Die Botschaft des Unbewußten, der andern Seite, des zweiten, höheren Ichs geschieht meist in einer Reihe von Traumereignissen. So war es bei Franziskus in allen folgenden Visionen und traumhaften Begebenheiten, in denen er angesprochen wurde. Im Kirchlein St. Damiano hört er die Stimme vom Kreuz: „Franz siehst du denn nicht, wie mein Haus zerstört wird? Geh und stelle es wieder her."[28] Er denkt zunächst an die Renovierung der Kapelle. Erst im Laufe der Geschehnisse kommt er zur Einsicht, daß ein ganz anderes Haus gemeint ist. Eines kann man festmachen: Das Leben des hl. Franziskus bekam wesentlich seine Richtung von der Stimme, die er in Träumen und Visionen hörte.

Eigentlich läge es nahe, anzunehmen, daß jeder, der die Lebensweise des Heiligen erlernen will, auf die Botschaft seiner Träume achtet und sich die Kunst, ihre Sprache zu verstehen, aneignet. Allein schon die Beachtung und Wertschätzung innerer Vorgänge ruft ein neues Lebensgefühl hervor; der Sinn für existentielle Auseinandersetzung, für die ureigenste Bestimmung und Wahrheit erwacht und damit Lebensgewißheit und Echtheit. Wenn ich einen Traum auf mich wirken lasse, mache ich das demütige Eingeständnis, daß ich über mich noch nicht alles weiß und daß noch andere Kräfte, auch dunkle, mich bestimmen und leiten. Träume sind ein Weg zu sich selbst und zugleich *zur Natur.* Darauf weist Eugen Drewermann eindringlich hin, wenn er die Entfremdung des modernen Menschen von Religion und Natur beklagt. Die Zerstörung der Träume und die Zerstörung der Religion seien nur zwei Seiten ein und desselben Vorgangs. Man müsse am ehesten bei den Träumen beginnen, wenn man den Menschen wieder mit sich selbst und damit zugleich mit der Natur verbinden wolle.

„In der Seele des Menschen sind seit Jahrmillionen aus dem Gedächtnis der Evolution Wasser und Wind, Berg und Baum, Sonne und Mond, Wolke und Sterne, Schlange und Vogel, Höhle und Fels, Wald und Wüste, Hitze und Schnee als archetypische Bilder und Symbole der Begegnung mit dem Absoluten im eigenen Innern gespeichert."[29]

Im Bereich des Christentums ist das Wissen um die Botschaften der Seele und damit auch der Zugang zum Unbewußten abgerissen. Der bloße Wille, religiös zu sein, ersetzt nicht die religiösen Kräfte, die in der Tiefe einer jeden Seele bereit liegen, aber in der allgemein geübten Praxis nicht hervortreten. Man darf gewiß von einer Tragik in der Geschichte des Christentums sprechen, wenn so wenig Verständnis für jene Ereignisse vorhanden ist, welche seine Anfänge geprägt haben. Gemeint sind die Traum- und Visionserfahrungen der Propheten, Jesu, der Apostel und der Heiligen. Warum sollte man das Wirken des Geistes nicht im Innern des Menschen suchen?

Von den Vertretern der neueren Exegese wird betont, daß es Jesus um die Gesinnung, also um die Wandlung der Herzen geht. Ein neues Wertgefühl bildet sich aber nur, wenn die zentralen Stellen im Unbewußten, die Tiefen der Seelen angesprochen werden und sich verändern. Für die ersten Christen war die Ausrichtung an Träumen und Visionen, an „Gesichtern" eine Selbstverständlichkeit. Die Pfingstrede des Petrus gibt davon etwas wieder, wenn er darin die unmittelbare Wirkung des Geistes sieht.

„Ich werde ausgießen von meinem Geist über alles Fleisch, und eure Söhne und Töchter werden prophetisch reden, eure jungen Männer Gesichte schauen und eure Alten Traumgesichte haben . . ." (Apg 2,17)[30]

Die Entfernung des allerorts praktizierten Christseins von der Kraft des Ursprungs wird häufig beklagt. Ob es nicht damit zu tun hat, daß die real tätige Seele und ihre Schöpfungen, die Träume, fast allgemein mißachtet werden und im gelebten Glauben so gut wie keine Rolle spielen? Nicht zu Unrecht darf man vermuten, daß davon die mangelnde Fähigkeit der christlichen Kirchen, einen befriedenden, heilenden und ordnenden Einfluß auf die Industriegesellschaft auszuüben, herrührt. Niemand wird leugnen, daß die Entwicklung im Augenblick ohne oder gegen die Kirche erfolgt.

Die Gabe, das Unbewußte zu ordnen und deren Kräfte dem Lebendigen dienstbar zu machen, war einst Priestern und Schamanen in den Naturreligionen zu eigen. Wo sie im christlichen Be-

reich neu entdeckt wird, gewinnt der alte Glaube seine durchsäuernde Kraft zurück und deren Vertreter neues, ungewohntes Ansehen. Wird Kritik ernst genommen, entsteht Gespräch und lebendiges Miteinander. So gilt es, die von vielen Enttäuschten vorgetragenen Äußerungen auszuhalten und auf ihren wahren Kern hin zu prüfen.
Wer die vernachlässigten und ausgeblendeten Wahrheiten beachtet, trägt viel zur Belebung seiner selbst, des eigenen Lagers und der Menschheit bei. So ist es hilfreich, der Klage vieler nachzugehen, die sich schon lange fragen: Wieso kommt es, daß von den Ländern, wo die christliche Lehre fast zwei Jahrtausende verbreitet wurde, soviel Gewalt, Zerstörung und Unterdrükkung ausging? Und warum mußte sich im Erbe des Christentums ein tödlicher Fortschritt entwickeln?[31]
Der Begründer der analytischen Psychologie, C.G. Jung, hat den Mangel und die Fehlhaltung der herkömmlichen religiösen Praxis im kirchlichen Bereich sehr deutlich gesehen und eine äußerst wertvolle, konstruktive Kritik geübt. Als wesentlichen Punkt seiner Kritik stellt er heraus, daß der westliche Mensch, auch der vom Christentum geprägte, seine ganze Aufmerksamkeit nach außen gerichtet hat. Das Gute könne nur von außen kommen, meint er, selbst seinen Gott hat er nur draußen. Er sieht zwar das Einzelne klar, aber er hat den Blick für das Ganze, für einen sinnvollen Zusammenhang verloren; er ist ich- und dingverhaftet und der *tiefen Wurzel allen Seins unbewußt.*
Echte Religiosität unterscheidet sich von kraftloser, einengender und verkopfter darin, inwieweit der Urgrund im Menschen erwacht. Die verschiedenen Namen dafür – der Große Mann, das Bild Gottes, der Seelengrund, der Archetyp der

Ganzheit, das Selbst – weisen auf eine allen Menschen gemeinsame Erfahrung hin. Die sie hatten, waren getragen von einer umfassenden kosmischen Ordnung, waren eins mit allen Geschöpfen, fühlten sich aufgehoben und geliebt von einer überbewußten Wirklichkeit (im christlichen Bereich: von einem liebenden Gott). Und darin hatten sie ihr wahres Wesen gefunden.
Die Christen glauben, daß Christus im Grunde der Herzen und aller Wesen wohnt. Die Wahrheit aber, daß nur unmittelbaren Kontakt mit ihm haben kann, wer Zugang zur eigenen Seele hat, muß erst eindringlich in die Er-Innerung im wortwörtlichen Sinn gerufen werden. Träume sind ein Weg ins Innere, manche sagen, der königliche Weg.
Ob nun der moderne Mensch Träume schätzt oder nicht, an der Mitte seines Selbst und an der Mitte der Welt kann er nicht vorbeigehen, ohne sich und allen lebenden Wesen zu schaden. Das Symbol für die Mitte allen Seins war von jeher der heilige Baum, der Seelenbaum, die Achse der Welt. Im christlichen Bereich kennen wir den Baum des Lebens und den Baum des Kreuzes.
Es stünde uns in der Zeit der Bedrohung alles Lebendigen gut an, mit dem indianischen Schamanen Schwarzer Hirsch für die Bäume, die krank, für die Tiere, die am Aussterben, und für die Seelen, die ausgedörrt und verzweifelt sind, für alle verwundete Natur und alle entfremdeten Menschen, den Großen Geist anzurufen und um das Wiedererblühen des heiligen Baumes zu flehen.
Schwarzer Hirsch, der Medizinmann oder besser gesagt der Gottesmann von Sioux, hatte als Knabe in einer Vision von der Mitte der Welt deutlich vor sich gesehen, woran Menschen gesunden könnten. Er versuchte, seine Berufung zu leben, konnte aber sein eigenes Volk nicht retten. Im

Originaltext lautet das Gebet dieses großen Mannes so:

„In die Mitte der Welt hast du mich gebracht und mir die Güte und die Schönheit und die Seltsamkeit der grünenden Erde gezeigt, der einzigen Mutter – und dort hast du mir die Geist-Formen der Dinge gezeigt, so wie sie sein sollten, und ich habe gesehen. In der Mitte dieses heiligen Kreises hast du gesagt, ich solle den Baum zum Blühen bringen. Unter rinnenden Tränen, o Großer Geist, Großer Geist, mein Großvater – unter rinnenden Tränen muß ich nun bekennen, daß der Baum nie geblüht hat. Ein beklagenswerter alter Mann, so siehst du mich hier, und ich bin abtrünnig geworden und habe nichts getan. Hier, in der Mitte der Welt, wo du mich hingebracht und unterwiesen hast, als ich jung war; hier, nun alt, stehe ich, und der Baum ist verdorrt, Großvater, mein Großvater! Nochmals, und vielleicht zum letzten Mal auf dieser Erde, rufe ich das große Gesicht wieder auf, das du mir gesandt hast. Es könnte ja sein, daß eine kleine Wurzel des heiligen Baumes noch lebte. Nähre sie, auf daß sie Blätter und Blüten trage und sich mit singenden Vögeln fülle. Höre mich, nicht um meinetwillen, um meines Volkes willen. Ich bin alt. Erhöre mich, auf daß sie wiederum in den heiligen Ring zurückkehren und den guten roten Weg finden, und den beschirmenden Baum.“[32]

Im letzten der christlichen Offenbarungsbücher gibt es die Vision vom Lebensbaum, der in der Mitte und zu beiden Seiten des Stromes vom Wasser des Lebens steht. „Seine Blätter dienen zur Heilung der Völker.“ (Offb 22,1–3) Für alle, die sich um kranke Bäume und kranke Seelen sorgen, bleibt die Aufgabe, dieses große Gesicht der Christenheit, wie einst Schwarzer Hirsch das seine, wieder aufzurufen und seinem Wirken zu vertrauen.

Visionen in Büchern nachzulesen ist hilfreich, wenn sie eigenes Erleben wachrufen. Der Baum des Lebens wird dann blühen, wenn er jeweils in einem von uns seine Wurzeln schlagen, seinen

Stamm bilden, seine Äste und Blätter treiben darf.

Der Rat, durch den Umgang mit Träumen zu sich selbst zurückzukehren, und damit die Probleme der Zeit zu lösen, mag vielen als Aufforderung zum tatenlosen Zusehen erscheinen. Man würde damit den Gang der Geschichte anderen überlassen. Dazu seien einige Überlegungen C.G. Jungs zur Bedeutung der Psychologie für die Gegenwart angeführt.[33]

Er meint, wir sähen in der Menschheitsgeschichte nur die alleräußerste Oberfläche der Ereignisse. Das eigentliche geschichtliche Geschehen sei dem Blick des Historikers verborgen. Es seien die geheimsten privatesten seelischen Grundhaltungen jedes einzelnen von vielen gewesen, die Kriege entfacht, Dynastien begründet oder abgelöst, Reiche aufgebaut oder zerstört hätten. Die Leidenschaften und Ideen hätten den einzelnen und den Lauf der Dinge bestimmt. Das subjektive Leben des einzelnen allein zähle, äußere Ereignisse seien so gesehen belanglos. Alle großen Wandlungen der Weltgeschichte fänden zunächst in den unbewußten seelischen Tiefen der einzelnen statt, und die Zukunft stamme als ungeheure Summation aus diesen verborgenen Quellen der einzelnen.

„Wir sind in unserem privatesten und subjektivsten Leben nicht nur die Erleider, sondern auch die Macher einer Zeit. Unsere Zeit – das sind wir!“[34]

Die Gedanken Jungs darf man kurz so zusammenfassen: Weil durch die Arbeit mit Träumen die ganze innere Welt eines Menschen verändert wird, geht ihre Bedeutung über den Rahmen einer bloßen „psychotherapeuthischen Behandlung“ weit hinaus.

Träume geben uns die Möglichkeit, mit den bestimmenden Faktoren der Geschichte unseres

Lebens und damit auch einem Stück der Menschheit ins Gespräch zu kommen. Wir geben etwas auf von unserer verkehrten, lebensfeindlichen Einstellung und gewinnen etwas von der Weisheit und Kraft der unbewußten Natur. Wir verhindern damit, daß diese zu unserem Unglück gegen uns entscheidet. Wer auf seine Träume achtet, kehrt zum Allersubjektivsten, der Quelle seiner Existenz und seines Daseins zurück. Er erreicht jenen Punkt, wo er – so Jung – Weltgeschichte macht. Er gewinnt Anschluß an eine der Menschheit und allen lebenden und nichtlebenden Wesen gemeinsame Weisheit und an die unmittelbar wirkende Kraft des Lebens.

Wer weitergeht, dem wird sich auch die Nähe zum Heiligen auftun. Nicht in der ausschließlichen Beschäftigung mit dem Geistigen ist das Heilige zu finden, sondern man muß es zugleich in der ganz einfachen eigenen Natur, die in den Träumen als niedrig und eklig erscheint, suchen. Das mag vielen ungewohnt klingen. Im Himmel und auf Erden soll ja Gottes Wille geschehen. Und dieser ist das Heil und die Heiligung aller. Manchen erscheint letzteres überflüssig. Dabei ist es, seit Menschen leben, die Nähe zum Heiligen, die wirklich gesund macht. Im Tempel des griechischen Gottes Asklepios gab es erfolgreiche Therapien, in Persien übten Priester die Heilkunst aus, bei den Naturvölkern die „Medizinmänner“, die die Verbindung zu den Geistern hatten.

Die Geschichte von Jesus und den Heiligen verbindet mit ihren Heilungen. Der Grund ist, weil das „Heilige“ als der Einbruch der ganz anderen Welt, selbsttätig wirkt und Geist, Seele und Leib in die rechte Ordnung rückt, in die Ausrichtung zur Mitte aller Dinge.

Schluß

Der Gegensatz – moderner Lebensstil und Recht aller Wesen auf Würde und Leben – erscheint unlösbar. Seelen und Bäume müssen den Konflikt erleiden. Die Weiterentwicklung der Technologie mag in vielen Bereichen hilfreich sein, ist es aber nicht, wenn Denken und Tun sich noch weiter vom Wesen des Menschen und der gemeinsamen Mitte entfernen.
Viele in und außerhalb des christlichen Lagers schauen nach Angeboten von Seiten des Christentums aus. Von selbst, so meint man, biete sich der heilige Franziskus an, wenn es um die Themen von Umwelt, Naturschutz und friedvolle Zukunft der Menschheit geht. Sein Leben in unsere Zeit zu übersetzen, ist jedoch schwieriger, als man gemeinhin annimmt. Seine Nachfolger heute erscheinen einer säkularisierten Gesellschaft als bedeutungslos. Die Mühe, mit der sein Leben erforscht und seine Ideale befolgt werden, erbringt offensichtlich nicht den Einfluß und die überzeugende Kraft, die für eine grundlegende Umorientierung nötig wären.
Deshalb sollten alle, die den Heiligen von Assisi mögen und von ihm lernen wollen, darüber nachdenken, ob der Eifer nicht in die falsche Richtung geht. Wenn man kritiklos die Lebensform eines andern übernimmt, kann man an einer echten Nachfolge gehindert werden, nämlich daran, sich selbst zu spüren, seinen eigenen Schatten und seine Kräfte zu erkennen und sein Leben so zu bestehen, wie es das große Vorbild bestanden hat. Fixierungen an einer fremden, noch so edlen Person werden zum Übel, wenn sie der eigenen Entwicklung im Wege stehen. Wer jedoch das kritische Gespür für die eigene Wahr-

heit in sich erweckt und ihr bedingungslos folgt, wird dahin kommen, wo Franziskus war, und zur Heilung der erkrankten Wesen beitragen.

Anmerkungen

[1] Im Rheinischen Merkur vom 15.6.1985 werden für Waldschäden folgende Zahlen angegeben:
Die Waldschadenserhebung 1983 und 1984 des Bundesministers für Ernährung, Landwirtschaft und Forsten hatte zum Ergebnis, daß der Anteil der geschädigten Waldfläche allein innerhalb eines einzigen Jahres von 34 % auf 50 % der gesamten Waldfläche der Bundesrepublik angewachsen ist. Am meisten sind die Tannen geschädigt bis zu 87 %, dann folgen die für die Alpenregion wichtige Kiefer mit 59 %, die Fichten mit 51 %, die Buchen mit 50 %, die Eichen mit 43 %. Die über 60jährigen Baumbestände sind bereits zu 82 % angeschlagen. Die Waldschäden treten auch in den tiefer gelegenen Regionen auf. Im Vergleich zum Vorjahr war 1984 eine deutliche Verschiebung in die höheren Schadensstufen erkennbar.

[2] Vgl. Gerhard Wehr: C.G. Jung und das Christentum, Olten 1975, S. 19

[3] Otto Karrer, Franz v. Assisi, Legenden und Lande, Zürich 1975, 519

[4] Vgl. C.G. Jung: Kommentar zu: Das Tibetische Buch der Großen Befreiung:
„Der Psychologe, der einen heiligen Text behandelt, sollte sich zum mindesten bewußt sein, daß dieser Stoff einen unschätzbaren religiösen und philosophischen Wert repräsentiert, der nicht durch profane Hände entweiht werden sollte."
Zur Psychologie westlicher und östlicher Religion, GW XI, Olten 1971, S. 532

[5] J.W. Goethe: Gesang der Geister über den Wassern, Edgar Hederer: Das Deutsche Gedicht vom Mittelalter bis zum 20. Jahrhundert, Frankfurt 1972

[6] Vgl. Das Gebet in der Zeit seiner Bekehrung: „Höchster, glorreicher Gott, *erleuchte* die Finsternis meines Herzens . . . in K. Eßer und L. Hardik: Die Schriften des hl. Franziskus von Assisi, Werl 1972, S. 166

[7] Vgl. C.G. Jung, S. 34

[8] Vgl. Karrer, S. 103

[9] Vgl. Marie-Luise v. Franz: Der Individuationspro-

zeß, in: C.G. Jung: Der Mensch und seine Symbole, Olten 1977, S. 161

[10] Sophronius Clasen: Franziskus, Engel des sechsten Siegels, Werl 1962, S. 270

[11] a.o.O. S. 323

[12] Vgl. Karrer, S. 97, 101, 102

[13] Vgl. Clasen S. 324

[14] Vgl. C.G. Jung: Der Mensch und seine Symbole, S. 211

[15] Clasen, 329

[16] Vgl. Die „Drei-Gefährten-Legende", in Karrer, S. 55

[17] Vgl. Clasen, 258, 260

[18] „Nur jene Süße fühlte er und konnte nichts anderes wahrnehmen. Und so sehr war er der Empfindung der Sinne entrückt – er erzählte es später selbst – daß er sich nicht von der Stelle hätte bewegen können, auch wenn man ihn in Stücke geschnitten hätte."
(bei Karrer, S. 35)

[19] a.o.O., S. 35

[20] Vgl. Erich Fromm: Haben oder Sein, Die seelischen Grundlagen einer neuen Gesellschaft, München 1980

[21] Vgl. Die Rede des Häuptlings Seattle zit. nach: Eugen Drewermann: Der tödliche Fortschritt, Regensburg 1983, S. 163
Vgl. auch die Begegnung C.G. Jungs mit dem Pueblo-Indianer Ochwiä-Biano und dessen Meinung über die Weißen: „Siehe", sagte Ochwiä Biano, „wie grausam die Weißen aussehen. Ihre Lippen sind dünn, ihre Nasen spitz, ihre Gesichter sind von Falten gefurcht und verzerrt, ihre Augen haben einen starren Blick, sie suchen immer etwas. Was suchen sie? Die Weißen wollen immer etwas, sie sind immer unruhig und ratlos. Wir wissen nicht, was sie wollen. Wir verstehen sie nicht. Wir glauben, daß sie *verrückt* sind." (C.G. Jung: Erinnerungen, Träume, Gedanken, Olten 1979, S. 251)

[22] Werner Müller: Indianische Welterfahrung, Stuttgart 1975, S. 46

[23] Tatjana Goritschewa: Die Rettung der Verlorenen, Wuppertal 1984, S. 27

[24] Vgl. den Bericht in der FAZ v. 21.12.1985, Nummer 296 von Paul Badde: Eine Schwester der Karamasows

[25] s. 2.2. dieser Ausgabe

[26] Vgl. C.G. Jung GW Bd. 11, S. 49 und 347

[27] Karrer, 32

[28] ebenda, 32

[29] Eugen Drewermann: Der tödliche Fortschritt, Von der Zerstörung der Erde und des Menschen im Erbe des Christentums, Regensburg 1983, S. 152

[30] Vgl. Mt 17,1–9 „Verklärung Jesu"
Apg. 9,1–6 „Bekehrung des Saulus", 10,1–6 Der Hauptmann Kornelius 10,10–17 Das Gesicht des Petrus, 16,9 Ein Mazedonier ruft Paulus. 27,25 Paulus in Seenot
2 Ko 12,1 „So will ich kommen auf die Gesichter ... des Herrn"

[31] Drewermann: Titel

[32] Schwarzer Hirsch: Ich rufe mein Volk, Bornheim 1984, S. 253

[33] Vgl. C.G.Jung: Die Bedeutung der Psychologie für die Gegenwart, in Zivilisation im Übergang GW Bd 10 Olten 1981, S. 157

[34] ebenda S. 173

Anhang

Die Waffenrüstung Gottes. Ein Beitrag zum Frieden?

Überlegungen zur Friedensdiskussion aus einer tiefenpsychologischen Sicht des Epheserbriefes.

„Waffen“ und „Rüstung“ sind Reizworte, wenn es um das Thema Frieden geht. Sie lassen als solche mehr an Krieg als an Frieden denken. Das Argument, mit ihnen den Frieden zu sichern, ist zum guten Teil verbraucht. Gott mit Waffen und Rüstung in Verbindung zu bringen, scheint absurd, wo doch die Bergpredigt eine andere Sprache spricht. Die Ab-Rüstung wird zum Wunsch und zur Forderung von immer mehr besorgten Menschen. Viele sehen darin auf Grund des Evangeliums ein moralisches Gebot der Christen. Ganz gleich wie man dazu steht, der ständige atomare Rüstungswettlauf muß als Herausforderung aller, die an Christus glauben, gesehen werden.

Er, der den Seinen „den Frieden hinterlassen hat“ (Joh 14,27) und dessen „Menschenfreundlichkeit und Güte erschienen ist“ (Tit 3,4) kann nicht wollen, daß wir uns nur hinter Waffensystemen verschanzen, um den Frieden zu retten. Doch ist der Weg zu einer politischen Entscheidung komplizierter und schwieriger, als man gemeinhin annimmt.
Diskussionen um Auf- und Abrüstung, um Bergpredigt und Feindesliebe, um Wehrdienst und Wehrdienstverweigerung rennen sich bald fest. Jeder kann für seine Meinung gute Gründe sogar aus dem Evangelium anführen, jeder versucht dem andern zu beweisen, wie unrecht er hat.

Friedensdiskussionen schlagen sehr schnell in Aggressionen um. Das Kämpfen um die rechte Lösung erreicht gerade das nicht, was beide Seiten wollen, den Frieden.

In einem verfahrenen Gespräch kommt man dann am ehesten weiter, wenn beide Seiten in ein Gespräch über das (laufende) Gespräch einsteigen. Darin können sich zwei Parteien näher kommen, als man gemeinhin annimmt. Dieses Gespräch – Metakommunikation genannt – würde im vorgegebenen Fall so lauten: Der eine sagt: Mir macht eine einseitige Abrüstung Angst, weil ich eine militärische und politische Unterlegenheit des Westens fürchte. Der andere sagt: Ich habe Angst vor einer totalen Vernichtung. Beide könnten sich nun darauf einigen: Reden wir jetzt nicht über Politik, sondern über unsere *Ängste.* Als Christen müßten sie hinzufügen: über unseren Glauben. Bald wird sich herausstellen, daß die Angst beider Seiten gleich groß, beziehungsweise der Glaube gleich gering ist. Der erste Schritt zum Frieden könnte dann sein: „Bauen wir einmal die Angst vor einander ab. Auf Grund unseres Glaubens an Christus müßte es möglich sein." Seine Kraft müßte die Angst überwinden. Von Ängsten wird in der Heiligen Schrift kaum gesprochen, sie haben aber andere Namen. Sie heißen „Mächte und Gewalten", „Herrscher der Lüfte." In ihrem Wirken und realen Einfluß hat sich nichts geändert.

Selbst wenn ich noch so entschlossen für den Frieden bin, muß ich mich fragen: *Wieviel Angst habe ich und wieviel Angst mache ich?* Solange ich Angst in mir habe, werde ich das zweite nicht ausschließen können.

Wer angstbesetzt ist, wird die Wirklichkeit, vor allem die politische, verzerrt sehen, er wird keine Fantasien aufbringen und nur an einseitigen Lösungen festhalten. Wer einigermaßen angstfrei ist, wird neue Möglichkeiten schaffen, er wird Vertrauen beim außen- und innenpolitischen Gegner gewinnen. Der Abbau der Angst ist deshalb für Christen das Primäre und setzt keine politische Entscheidung für eine Richtung bzw. Kapitulation voraus.

Die Botschaft Jesu beinhaltet als erstes die Verringerung von Angst und die Weckung von Vertrauen. So ist Jesus mit den Menschen umgegangen. So darf man Erlösung verstehen. Erst daraus ergibt sich ein Weg zu einer politischen Entscheidung. Er ist mühevoll und langwierig. Wie die politische Entscheidung einmal ausfällt, kann man am Anfang nicht sagen. Sie wird erst im Laufe des persönlichen und glaubensmäßigen Wachstums ihre Gestalt finden.

Eingeschlossen ist damit auch die Sachkenntnis. Diese richtet sich aber wesentlich nach dem vorgegebenen erweiterten Wahrnehmungsvermögen. Die „Waffenrüstung Gottes" gewinnt dann an Bedeutung, wenn sie hilft, innere Bedrohungen zu bewältigen, die eigenen Aggressionen zu sehen, anzunehmen und sie in positive umzuwandeln.

Sich eine geistliche Waffenrüstung anzulegen bedeutet dann, sich schützen gegen Ängste von innen und außen und gegen übermächtige Triebimpulse und die Kraft zum Frieden in *sich tragen.*

1. Die Kraft: Eph 6,10

„Werdet stark im Herrn durch die Kraft, die seine Stärke verleiht." Der Verfasser des Epheser-Briefes spricht hier ein Grundthema an, das er bereits in 1,19–20 erwähnt hatte: die überwältigende Kraft Gottes.

Die griechischen Ausdrücke dafür sind „dynamis, energeia, kratos und ischys." Ich nenne die griechischen Worte deshalb, weil sie sofort an die entsprechenden deutschen Lehnwörter erinnern: Energie und Dynamik.

Das deutsche Wort „Kraft" im religiösen Sprachbereich hat längst von seiner „Kraft" verloren, wohl deshalb, weil durch das deutsche Wort kein entsprechender Erfahrungshorizont mehr angesprochen wird. „Denn Dein ist das Reich und die Kraft und die Herrlichkeit . . ." löst nicht eine Urerfahrung mit der „Kraft Gottes" aus. „Die Kraft" ist eine transzendente Größe, eine Wirklichkeit, die den Menschen erfaßt, verwandelt und in den Bann schlägt. In jüngster Zeit werden die Bücher von Carlos Castaneda[1] für viele zum Inbegriff der Erfahrung von Kraft.

Der alte Indianer Don Juan führt den Forscher der Anthropologie zu Begegnungen mit „der Kraft". Die Wucht dieser Erfahrung schlägt sich in den Büchern nieder.

Rein von der überwältigenden Dynamik her gesehen besteht Ähnlichkeit zwischen Castaneda und dem Verfasser des Epheserbriefes. Wie wichtig diesem das Thema „Kraft Gottes" ist, zeigt sich darin, daß er in einem Satz alle ihm dafür greifbaren Ausdrücke anführt, nicht nur zur Verdoppelung, sondern zur Vervierfachung, und davor setzt er noch die Bezeichnung „die überwältigende Größe" der Kraft (1,19).

Was ist nun mit dieser Kraft? Es ist jene Kraft, die Gott an Jesus Christus erwiesen hat (1,20), sie hat ihm den Platz zur Rechten Gottes gegeben, sie hat ihn erhöht über alle Mächte, Gewalten, Herrschaften und über jeden Namen (1,21), alles hat Gott ihm zu Füßen gelegt.

Dieselbe Kraft, mit der er in Christus gewirkt hat, wirkt er auch in denen, die glauben. Um dies zu begreifen, möge Gott den Lesern die Augen des Herzens öffnen (1,18–19). In 2,5 sagt der Verfasser ausdrücklich, daß Gott ihn und seine Leser mit Christus lebendig gemacht, auferweckt und ihnen im Himmel den Platz zugewiesen hat. Dies ist der Hintergrund, wenn hier von der „Kraft" gesprochen wird. Diese Stelle ist wichtig im Zusammenhang des Textes. Hier liefert sie die *Begründung und die Zuversicht, sich auf den Kampf einzulassen.* Die Waffenrüstung, die Gott dem Glaubenden in Christus schenkt, ist stärker als alles, was von einer anderen Seite aufgeboten wird. „Laßt euch auf diese Kraft ein und niemand kann euch besiegen." Im Bild ausgedrückt ist dies der Schild des Glaubens, von dem noch die Rede sein wird.

Im Zusammenhang der Friedensdiskussion heißt das, uns Christen stünde eine Kraft zur Verfügung, die stärker ist als alle Kräfte der Zerstörung, der Trennung und des Egoismus. Es ist die *Kraft aus dem Transzendenten,* die nicht mehr ableitbar ist aus einer Triebdynamik, Sexualität oder Aggression, aus einer soziologischen Gegebenheit, d.h. sie ist keine Reaktion auf irgendwelche Zustände der Gesellschaft. Ein Mensch, der diese Kraft erfährt, handelt nicht aus Wut und Entrüstung, sondern einzig und allein *aus innerer Freude und Überlegenheit* heraus.

Der Verfasser dieses Textes ist erfüllt von Dankbarkeit und überwältigt von dem, was in ihm vorgegangen ist. Er nennt sich und seine Leser Gottes Werk, geschaffen zu guten Taten.

Als anschauliches Beispiel ist etwa Franziskus zu nennen. Er wählte das Leben in Armut und Einfachheit nicht aus Verachtung gegenüber den Reichen, aus Protest gegen die verweltlichte Kirche, sondern einzig und allein *aus seiner Überzeugung und Kraft, recht vor Gott zu sein.* Sie er-

füllte ihn mit *tiefer Freude,* denn sie kam *aus der Berührung mit Gott.* In der Lebensbiographie des Thomas von Celano wird dieser Zustand „dulcedo" genannt, wörtlich Süße, Wonne, inneres Erglühen.
Als erste Gewissensfrage stellt sich deshalb für alle Christen, die sich mit dem Thema Frieden beschäftigen: Welches ist meine Motivation? Woraus handle ich? Handle ich als bloße Reaktion gegen jemand oder gegen etwas? Was tue ich, um die stärkste Kraft, die Kraft Gottes in mir zu erschließen? Dazu sei gesagt: C.G. Jung kommt auf Grund seiner Forschungen im Bereich des Unbewußten und seiner Behandlungen von Patienten zu dem Ergebnis: Der stärkste Erlebnisfaktor, das also, was den Menschen am meisten bewegt, erschüttert, ordnet oder erfreut, ist nicht Sexualität und Angriffslust, sondern die Religiosität, vorausgesetzt, sie wird erschlossen.
Als Maßstab dafür, ob ich den hohen Grad an innerer Reife und spirituellem Niveau besitze, gilt, ob ich den Lobpreis auf Gottes Güte voll und ganz bejahen und alle Aussagen aus den Kapiteln 1–3 und zum Teil aus dem Kapitel 4 annehmen kann.
Die Verfassung, die hier beschrieben wird, deckt sich mit dem, was in den Schriften des Neuen Testamentes mit „Heil" umschrieben wird. Zu Recht daher die Aufforderung in 6,17: Nehmt den Helm des Heiles!

2. Die Mächte: 6,11.12

„Legt die Waffenrüstung Gottes an, daß ihr der Arglist des Teufels widerstehen könnt, denn wir haben nicht gegen Fleisch und Blut zu kämpfen, sondern gegen Mächte und Gewalten, gegen die

Weltherrscher dieser Finsternis, gegen die Geister des Bösen im Himmel."

Womit wir beim Lesen Schwierigkeiten haben, dürfte sein „Arglist des Teufels", „Gewalten der Finsternis", „die Geister des Bösen im Himmel". Um den Sinn dieser Ausdrücke zu verstehen, ist noch eine Bemerkung wichtig, die der Verfasser über die Art des Kampfes macht: „Wir haben nicht gegen Fleisch und Blut zu kämpfen." Es geht hier also nicht um einen Konflikt mit Menschen. Nicht irgendein Feind, weder ein Klassenfeind noch ein nationaler Gegner wird als Gefahr bezeichnet. Hier handelt es sich um einen Bereich, der dem politischen Tagesgeschehen, damit auch der herkömmlichen Art der Auseinandersetzung, nämlich Waffengewalt, Diskussion und Propaganda, entzogen ist. Es ist der Bereich der Finsternis und es sind Geister der Bosheit in den Himmeln oder in den Lüften.[2] Was mythisch klingt, wird anschaulich, wenn wir ähnliche Ausdrucksweisen im Deutschen heranziehen: „Da liegt etwas in der Luft", „die Luft ist unheilschwanger" oder der „böse Zeitgeist". Ohne Zweifel wird damit die psychische Verfassung, die Stimmung einer Massenversammlung oder der Mehrheit eines Volkes oder gar der Menschheit angemessen bezeichnet.

Mit Recht dürfen wir sagen, der *Bereich des Kampfes* ist der psychische Bereich, sowohl *intrapsychisch,* also im Einzelnen selbst, als auch *interpsychisch,* also in der Beziehung der Einzelnen zueinander und der Gesamtheit aller Menschen zusammen.

Hier im Bereich der Psyche spielen sich dramatische Kämpfe, Siege, Niederlagen ab. Wer will, kann Einblick gewinnen anhand seiner Träume. Nach außen werden sie sichtbar als Tragödien von Menschen und Völkern. Man denke an zer-

brochene Ehen, an Depressionen, Neurosen, Süchte, Selbstmorde, Kriminalität, Unterdrükkung, Ausbeutung, Kriege usw.
Es wäre eine Illusion zu glauben, der einzelne Mensch sei Herr über sein Schicksal, es sei nur Sache des guten oder des bösen Willens, ob zwei Menschen sich wieder versöhnen oder nicht, ob ein Mensch maßlos traurig wird, ob ein Mensch sich oder anderen das Leben nimmt. Hier sind Kräfte am Werk, die den Menschen in eine Stimmung versetzen, ihn zu einem bestimmten Handeln veranlassen. Man frage sich selbst: Wie geht es mir mit meinen Sympathien und meinen Antipathien? Was kann ich dazu, daß ich diesen Menschen mag, jenen nicht mag? Noch deutlicher wird es anhand der „Kraft", die einen Süchtigen immer wieder zum Alkohol oder zur Droge hinzwingt. Oder ein Mensch kann die Vorstellung nicht loswerden, daß er Krebs hat, obwohl alle Untersuchungsergebnisse dagegen sprechen. Ebensowenig ist die Angst eines Depressiven wegzubekommen mit Argumenten oder mit der Versicherung: Du brauchst doch keine Angst zu haben. Hier handelt es sich um die Eigentätigkeit von Kräften, die außerhalb meines Ichs stehen, von denen ich nicht weiß, woher sie kommen.

Die Tiefenpsychologie nennt diesen Bereich das Unbewußte. Aus ihm kommen Kräfte, die mich knechten, quälen und in die Irre führen. Ich muß sie ernstnehmen und mit ihnen ringen wie mit einer Person. Die Figuren in den Träumen stellen diese Mächte anschaulich dar. Mit Recht dürfen wir deshalb sagen, die „Mächte und Gewalten der Finsternis" sind die *Kräfte des Unbewußten, Ängste, Antriebe, vorgeformte Verhaltensmuster, die mich veranlassen, etwas zu tun, was ich eigentlich gar nicht tun will.*

„Denn nicht das Gute, das ich will, tue ich, sondern was ich nicht will, das Böse, vollbringe ich." (Römer 7,14)

Hiermit ist das *Thema des Schattens angesprochen*, das sich aus dem Wortlaut „Finsternis" von selbst ergibt. Der Verfasser des Briefes kannte noch keine Tiefenpsychologie im modernen Sinn, hat aber ziemlich gut deren Problematik angesprochen.

Was ist mit „Schatten" im Sinne von C.G. Jung gemeint? Schatten gibt es nur bei großer Helligkeit, bei bewölktem Himmel ist kaum Schatten zu sehen. Unser Bewußtsein ist mit einer Lichtquelle vergleichbar. Wenden wir unser Bewußtsein bestimmten Dingen, Idealen, Werten, Menschen zu, werden andere Bereiche im Schatten liegen. Jemand wendet sich z.B. ausschließlich seiner beruflichen Karriere zu, im Schatten liegen dann seine Gefühle, etwa die Beziehung zu seiner Frau und zu seinen Kindern. Er vermeint, alles für seine Familie zu tun; was er erarbeitet, soll ja allen zugute kommen, aber er muß erleben, daß seine Ehe zerbricht und ihm die Kinder Vorwürfe machen.

Ein anderes Beispiel: Eine Frau opfert sich für ihren Mann und ihre Kinder 20 Jahre lang auf, ist nur für andere da, schaut nie auf sich. Sie kann erleben, daß ihr Mann sich eine Freundin nimmt, weil er ihre *verschlingende, erstickende Nähe* nicht mehr ertragen kann. Der Schatten, der von beiden nicht beachtet wurde, hat sie dahin geführt, wohin sie gar nicht wollten. So wird verständlich, was gemeint ist, wenn von der Arglist des Teufels die Rede ist. Da meint man, das Gute zu tun, wird aber in Wirklichkeit *von der eigenen Dunkelheit gelenkt, sich und anderen Böses anzutun.* Die Tragik besteht darin, daß man Gutes will und Schlechtes erreicht. Es ist eine Illusion

zu glauben, daß die gute Absicht auch den guten Erfolg bewirkt.
„Erfolg“ tritt nur dann ein, wenn ich um meinen Schatten weiß, in ständigem Kontakt mit ihm bin, ihn spüre, zu ihm stehe, ihn nicht verdränge, sondern allmählich Licht hineinbringe.
Für den, der sich für den Frieden einsetzt, heißt das: Ich muß mir meiner eigenen Aggressivität bewußt werden. Ich muß lernen, mit meiner eigenen Angst umzugehen und damit auch mit meinen eigenen Antrieben. *Angst kommt aus dem Dunkeln, aus dem Unbewußten, aus den nicht angenommenen Persönlichkeitsanteilen. Angst macht dumm, verblendet und aggressiv.*
Zum Thema Frieden und Schatten kommt noch etwas Wesentliches hinzu: *Mein eigener Schatten wird in meinem persönlichen, weltanschaulichen, politischen Gegner oder Feind repräsentiert.*
Weil dieser Eigenschaften, Einsichten, Verhaltensweisen hat, die ich an mir ablehne, die aber zu meiner Persönlichkeit gehören, deshalb ist er überhaupt erst mein Feind! Dies ließe sich an tausend Beispielen belegen. Die Lager von links und rechts, progressiv und konservativ sind jeweils komplementär, d.h. die andere Seite lebt immer die Wahrheit, die im eigenen Schattenbereich ist. Wer also für Frieden und Versöhnung etwas Bedeutendes tun will, muß sich zuerst mit seinem Schatten versöhnen, erst dann ist er ja auch zur Integration anderer fähig.
Das Thema „Kräfte des Unbewußten“, „Mächte der Finsternis“ darf nicht abgeschlossen werden, ohne die Aussage über Christus am Anfang des Epheser-Briefes noch einmal aufzugreifen. Das Tröstliche an diesen Erfahrungen des Verfassers ist doch, daß *Christus stärker ist als alle Mächte und Gewalten der Finsternis“*. Christus wurde auf den Thron der menschlichen Psyche gesetzt,

zumindest bei dem, der an ihn glaubt. Er ist die letzte ordnende Instanz im Menschen. *Ich darf ganz ich selbst sein, wenn ich mich auf Christus einlasse.* Christus, das Licht, das die Finsternis überwindet, ist ein zentrales Thema des Neuen Testamentes. Aber wie geschieht diese Überwindung? Es geschieht im *„Erleuchtet-Werden"*, und dabei geht es um ein *geistiges und geistliches* Erwachen. Ich kann das selbst nicht machen, aber ich kann mich mit Aufmerksamkeit und Konzentration dafür bereit halten. *Es geht um ein absichtsloses Tun und Dasein.*

Der *Friede,* der gekennzeichnet ist vom Licht und frei ist von Finsternis – d.h. von Haß, Ablehnung, Begierden, Habsucht, Angst – kann nicht von Menschen gemacht werden. *Er geschieht.* Er ist menschlichem Zugriff entzogen. Daß verfeindete Menschen sich wieder verstehen und miteinander reden können, liegt nicht an derem guten Willen allein. Es bedarf eines *Freiraumes,* wo Friede entstehen kann, oder anders ausgedrückt: *wo Gott zum Zug kommen kann.* Dieser Freiraum ist gekennzeichnet durch *Absichtslosigkeit.*

Konkret könnte das heißen: Wie wäre es, wenn sich verfeindete Gruppen eine Woche lang zu gemeinsamen Fasten, Beten und Schweigen für den Frieden zusammentäten. Ob man nicht nachher besser miteinander reden könnte?! Ich sehe hier den bildhaften Ausdruck von den „Schuhen" als die Bereitschaft, den Frieden zu verkünden.

3. Waffenrüstung: 6,13–18

„Darum legt die Rüstung Gottes an, damit ihr am Tag des Unheils standhalten, alles vollbringen und so bestehen könnt!

Seid also standhaft, gürtet euch mit der Wahrheit; legt als Panzer die Gerechtigkeit an, und zieht als Schuhe die Bereitschaft an, für das Evangelium vom Frieden zu kämpfen! Vor allem greift zum Schild des Glaubens! Mit ihm könnt ihr alle feurigen Geschosse des Bösen auslöschen. Nehmt den Helm des Heils und das Schwert des Geistes, das ist das Wort Gottes. Hört nicht auf zu beten! Betet jederzeit im Geist; seid wachsam, harrt aus und bittet für alle Heiligen."

Bleibt noch eine kurze Bemerkung zu den einzelnen Teilen der Waffenrüstung Gottes:

Wahrheit als Gürtel, die Gerechtigkeit als Brustpanzer oder Harnisch, der Glaube als Schild, die Bereitschaft für die Botschaft des Friedens als Schuhe, das Heil als Helm, das Wort Gottes als Schwert. Es werden hier Grundeinstellungen des Christen angesprochen. Diese Waffen kann aber nicht ein beliebiger anziehen, sondern nur einer, der wie der Verfasser den inneren Prozeß der Verwandlung durchgemacht hat, einer, der lebendig wurde, geistig erwachte, zum Licht kam, der die überwältigende Kraft der transzendenten Erfahrungen verspürt.

Grundeinstellungen lassen sich nicht einfach übernehmen, sondern bedürfen einer ständigen Bemühung, mehr von sich selbst wahrzunehmen. Sie sind nicht machbar, sondern müssen langsam wachsen. Wahrheit und Gerechtigkeit werden deshalb auch „Früchte des Lichts" genannt (5,9).

Eine kurze Interpretation von „Wahrheit als Einstellung" könnte lauten: Ich bin bereit, meinen eigenen Denk- und Bewußtseinsrahmen zu hinterfragen und zu erweitern. Ich bin mir bewußt, daß ich selbst von anderen Instanzen gedacht und entschieden werde. Ich bin bereit, Informationen zu überprüfen, auch solche zuzulassen, die nicht meiner vorgeformten Meinung entsprechen. Gerechtigkeit ist Rechtsein vor Gott. Das moderne Wort Identität würde dem am ehesten entsprechen, verstanden als innere Stimmigkeit meiner eigenen Lebensgeschichte, meiner Berührung mit Gott und meiner Beziehung zur Außenwelt. „Nehmt das Schwert des Geistes“, (6,17) das Wort Gottes. Der Geist ist in den Mythen häufig als Schwert dargestellt. Es bezeichnet die Kraft des kritischen Geistes, zu trennen und zu unterscheiden.

Heute sagen viele: Man muß lernen zu differenzieren sowohl im eigenen Lager als auch beim Gegner. Jede globale Annahme oder Ablehnung einer Weltanschauung, einer politischen Richtung oder eines Menschen ist zu überwinden. Dadurch entsteht eine neue Sicht der Dinge, der eigene Horizont wird erweitert und Verständigung wird möglich.
Die Fähigkeit der Unterscheidung ist nur eine Seite des Geistes. Der Geist, das Wort Gottes als Schwert ist mehr.
„Da schnitt es ihnen ins Herz“ (Apg 2,37) heißt es von den Juden, die von der Pfingstrede des Petrus „getroffen“ waren. Es ist die Kraft der Überzeugung. Dazu muß gesagt werden, daß das Überzeugende außerhalb meiner selbst liegt. Das Wort, das mich ergreift, wird auch andere ergreifen. Die Ergriffenheit überträgt sich von selbst auf die Zuhörer.

Konkret heißt das: Ein Mensch, der von erschütternden Erfahrungen seines Lebens berichtet, (wie die russische Schriftstellerin Tatjana Goritschewa) braucht gar nicht die Absicht zu haben, die Zuhörer für etwas zu gewinnen. Die Worte wirken als solche. Die Entschiedenheit, die im Bild des Schwertes enthalten ist, und die innere

Ausrichtung des Redners geben dem Wort die überzeugende Kraft.
Das *beständige Beten* gehört zur Haltung der Entschlossenheit und Wachsamkeit dessen, der sich ganz für die Wahrheit entschieden hat. Heute werden uralte Formen des immerwährenden Betens aus der Ostkirche oder auch aus östlichen Religionen dem westlichen Menschen zugänglich. Man denke an das Jesus-Gebet, das in immerwährenden Anrufen des Namens Jesu besteht und die christliche Entsprechung eines Mantra oder Koans ist. Psychologisch gesehen ist es die höchste Konzentration aller Bewußtseinskräfte auf einen Punkt hin. Das Ergebnis ist eine innere Kraft und Überlegenheit, die es ermöglicht, über politischen und weltanschaulichen Alltagsdiskussionen zu stehen, ohne deren Grundanliegen zu verraten. Jene Ängste (Mächte), die ein Gespräch verhindern, werden dadurch überwunden.

4. Alles in Christus

Das Thema Waffenrüstung Gottes und Friede wäre lückenhaft behandelt, wenn nicht auf eine wichtige Stelle am Anfang des Briefes verwiesen würde „Alles soll zusammengefaßt werden in Christus“ (1,10). *Christus ist das Zentrum der Psyche und das jedes Menschen und der ganzen Welt.*
Alles, was wir selbst in uns tragen an unausgewogenen Gegensätzen und unerlösten Möglichkeiten, wird sich über kurz oder lang zum eigenen Unheil und dem der anderen auswirken. Alles aber, was in uns versöhnt und geordnet ist, wird sich als Friede auch unseren Mitmenschen und unserer Umwelt offenbaren. Die Stelle im Ephe-

serbrief, die am deutlichsten von Frieden spricht, soll das Thema „Waffenrüstung Gottes – ein Beitrag zum Frieden“ abschließen:

„Denn er ist unser Friede, der aus den beiden eins werden ließ und die trennende Scheidewand, die Feindschaft beseitigte, da er in seinem Fleische das Gesetz der Gebote mit seinen Bestimmungen aufhob und so in sich die zwei zu einem neuen Menschen werden ließ. Er stiftete Frieden und versöhnte die beiden in einem Leib mit Gott durch das Kreuz, da er die Feindschaft an ihm tötete.“ (2,14–16)

Anmerkungen

[1] Castaneda Carlos:
1. Die Lehren des Don Juan, Ein Yaqui-Weg des Wissens, Frankfurt 1979, FTB 1457
2. Eine andere Wirklichkeit, Neue Geprache mit Don Juan, Frankfurt 1978, FTB 1616
3. Reise nach Ixtlan, Die Lehre des Don Juan, Frankfurt 1977, FTB 1809
4. Der Ring der Kraft, Don Juan in den Städten, Frankfurt 1978, FTB 3370

[2] Vgl. Eph. 2.2. „nach der Art des Beherrschers der Macht in den Lüften."

MÜNSTERSCHWARZACHER KLEINSCHRIFTEN
Schriften zum geistlichen Leben
ISSN 0171-6360
herausgegeben von Mönchen der Abtei Münsterschwarzach

	Anselm Grün OSB	ISBN3-87868-105-4	(1979) 56 S.
1	**Gebet und Selbsterkenntnis**		DM 4,80
	Basilius Doppelfeld OSB	ISBN 3-87868-106-2	(1979) 64 S.
2	**Der Weg zu seinem Zelt**		DM 5,40
	Der Prolog der Regula Benedicti als Grundlage geistlicher Übungen		
	F. Ruppert OSB/A. Grün OSB	ISBN 3-87868-109-7	(1979) 56 S.
3	**Christus im Bruder**		DM 4,80
	nach der Regel Sankt Benedikts		
	Pirmin Hugger OSB	ISBN 3-87868-107-0	(1979) 86 S.
4	**Meine Seele, preise den Herrn**		DM 7,40
	Gotteslob als Lebenssinn		
	André Louf OCSO	ISBN 3-87868-113-5	(1979) 55 S.
5	**Demut und Gehorsam**		DM 4,80
	bei der Einführung ins Mönchsleben		
	Anselm Grün OSB	ISBN 3-87868-123-2	(1980) 84 S.
6	**Der Umgang mit dem Bösen**		DM 7,40
	Der Dämonenkampf im alten Mönchtum		
	Anselm Grün OSB	ISBN 3-87868-124-0	(1979) 60 S.
7	**Benedikt von Nursia – Seine Botschaft heute**		DM 5,20
	Pirmin Hugger OSB	ISBN 3-87868-110-0	(1980) 72 S.
8	**Ein Psalmenlied dem Herrn**		DM 6,80
	Teil 1: Möglichkeiten des heutigen Psalmengebets		
	Pirmin Hugger OSB	ISBN 3-87868-111-9	(1980) 80 S.
9	**Ein Psalmenlied dem Herrn**		DM 7,60
	Teil 2: Impulse zum christlichen Psalmengebet; Psalm 1 – 72		
	Pirmin Hugger OSB	ISBN 3-87868-112-7	(1980) 80 S.
10	**Ein Psalmenlied dem Herrn**		DM 7,60
	Teil 3: Impulse zum christlichen Psalmengebet; Psalm 73 – 150		
	Anselm Grün OSB	ISBN 3-87868-126-7	(1980) 72 S.
11	**Der Anspruch des Schweigens**		DM 6,80
	Bernardin Schellenberger OCSO	ISBN 3-87868-127-5	(1980) 52 S.
12	**Einübung ins Spielen**		DM 4,80
	Anselm Grün OSB	ISBN 3-87868-128-3	(1980) 60 S.
13	**Lebensmitte als geistliche Aufgabe**		DM 5,60
	Basilius Doppelfeld OSB	ISBN 3-87868-141-0	(1981) 68 S.
14	**Höre, nimm an, erfülle**		DM 6,80
	St. Benedikts Grundakkord geistlichen Lebens		
	Edgar Friedmann OSB	ISBN 3-87868-108-9	(1981) 76 S.
15	**Mönche mitten in der Welt**		DM 7,40
	Vom Weltverhältnis der Mönche		
	Anselm Grün OSB	ISBN 3-87868-151-8	(1982) 64 S.
16	**Sehnsucht nach Gott**		DM 6,40
	Zeugnisse junger Menschen		
	F. Ruppert OSB/A. Grün OSB	ISBN 3-87868-152-6	(1982) 80 S.
17	**Bete und arbeite**		DM 7,80
	Eine christliche Lebensregel		

Jean Lafrance ISBN 3-87868-165-8 (1983) 62 S.
18 **Der Schrei des Gebetes** DM 6,40

Anselm Grün OSB ISBN 3-87868-166-6 (1983) 78 S.
19 **Einreden** DM 7,80
Der Umgang mit den Gedanken

Roger-Nikolas Visseaux ISBN 3-87868-181-X (1983) 68 S.
20 **Beten nach dem Evangelium** DM 7,20

John Main ISBN 3-87868-182-8 (1983) 56 S.
21 **Meditieren mit den Vätern** DM 5,40
Gebetsweise in der Tradition des Johannes Cassian

Anselm Grün OSB ISBN 3-87868-183-6 (1983) 72 S.
22 **Auf dem Wege** DM 7,40
Zu einer Theologie des Wanderns

Anselm Grün OSB ISBN 3-87868-185-6 (1984) 76 S.
23 **Fasten – Beten mit Leib und Seele** DM 7,60

Guido Kreppold OFMCap ISBN 3-87868-194-1 (1984) 80 S.
24 **Heilige – Modelle christl. Selbstverwirklichung** DM 7,80

Guido Kreppold OFMCap ISBN 3-87868-195-X (1985) 80 S.
25 **Die Bibel als Heilungsbuch** DM 7,80
Tiefenpsychologischer Zugang zur Heiligen Schrift

A. Louf OCSO/M.Dufner OSB ISBN 3-87868-196-8 (1984) 48 S.
26 **Geistliche Vaterschaft** DM 5,20

Basilius Doppelfeld OSB ISBN 3-87868-198-4 (1985) 64 S.
27 **Die Jünger sind wir** DM 6,80
– Das Leiden Jesu Christi, mit seinen Jüngern erlebt –

Mathias William Schmidt OSB ISBN 3-87868-210-4 (1985) 44 S.
28 **Christus finden in den Menschen** DM 4,80

Anselm Grün OSB / Michael Reepen OSB ISBN 3-87868-211-5 (1985) 84 S.
29 **Heilendes Kirchenjahr** DM 7,80
Das Kirchenjahr als Psychodrama

Franz-Xaver Durrwell ISBN 3-87868-212-3 (1985) 74 S.
30 **Eucharistie- das österliche Sakrament** DM 7,40

Basilius Doppelfeld OSB ISBN 3-87868-213-1 (1985) 60 S.
31 **Mission** DM 6,40

Anselm Grün OSB ISBN 3-87868-221-2 (1986) 66 S.
32 **Glauben als Umdeuten** DM 6,80
Glauben – lieben – loben

André Louf OCSO/Anselm Grün OSB ISBN 3-87868-222-0 (1986) 54 S.
33 **In brüderlicher Gemeinschaft leben** DM 5,60

Catherine de Bar ISBN 3-87868-223-9 (1986) 54 S.
34 **Du hast Menschen an meinen Weg gestellt** DM 5,60

Guido Kreppold OFMCap ISBN 3-87868-229-8 (1986) 87 S.
35 **Kranke Bäume – Kranke Seelen** DM 7,80

Weitere Veröffentlichungen in dieser Reihe folgen.

VIER-TÜRME-VERLAG

D-8711 Münsterschwarzach Abtei (09324) 20-292